Sprachkurs Französisch – schnell aufgefrischt

Sprint!
Sprachkurs Französisch – schnell aufgefrischt

Von Annick Lerognon

Sprachen

humboldt-Taschenbuch 1099

Die Autorin:
Annick Lerognon unterrichtete an der Kollegstufe in privaten Gymnasien und ist seit 1978 in der Erwachsenenbildung tätig (VHS/Industrie). Seit 1984 ist sie Mitarbeiterin der Lehrerfortbildungen im Bayerischen Volkshochschulverband und an der VHS München. Seit ihrer Ausbildung zur Suggestopädin leitet sie suggestopädische Französischkurse und Methodikseminare für Lehrer. 1992 gründete sie das Institut für Sprache und Begegnung in Südfrankreich/Périgord.

Idee und Konzeption: Irmgard von Gienanth

Umwelthinweis: gedruckt auf chlorfrei gebleichtem Papier

Umschlaggestaltung: Wolf Brannasky, München
Zeichnungen im Innenteil: Michael Hüter, Bochum
Lektorat: Christine Emig

© 1997 by Humboldt-Taschenbuchverlag Jacobi KG, München
Druck: Digital Color, Garching
Printed in Germany
ISBN 3-581-67099-2

1 * 97

Sprint! ist kein gewöhnlicher Sprachkurs – ***Sprint!*** ist eine **unterhaltsame Lerngeschichte**, mit der Sie Ihre Französisch-kenntnisse in kurzer Zeit gezielt und effektiv auffrischen können und dabei **Mut, Spaß und Lust zum und am Spre-chen** bekommen.

Die Grundkenntnisse der französischen Sprache sind in eine spannende, kurzweilige Lerngeschichte verpackt. Sie handelt von einem jungen deutschen Mann, der sich auf einer Geschäftsreise nach Paris befindet, dabei einige übliche, jedoch auch ein paar überraschende Situationen erlebt …

Die Geschichte – Sie finden sie jeweils auf den <u>rechten</u> Seiten des Buches – ist in Dialogform geschrieben. Die Fragen, Ant-worten und Aussagen können also gleich in entsprechenden Situationen angewandt werden. Die parallel laufende deut-sche Übersetzung dient lediglich zur Unterstützung des Ver-ständnisses.

Die <u>linken</u> Seiten bieten Redewendungen, Wortschatzergän-zungen und landeskundliche Informationen, die Ihnen hel-fen, auch Situationen, die über die Geschichte hinausgehen, sprachlich bestens zu meistern.

Die Kurzgrammatik und das Wörterverzeichnis im Anhang dienen zur Unterstützung und Bewußtmachung Ihrer Französischkenntnisse.

Wie lernen Sie am besten mit diesem Buch?

1. Lesen Sie die Geschichte auf der rechten Seite in Franzö-sisch. (Schielen nach rechts zur deutschen Übersetzung ist erlaubt!)
2. Vertiefen Sie Ihre Kenntnisse durch das Studium der Erweiterungen auf der linken Seite.
3. Dieser Sprachkurs zum Auffrischen ist auch als Buch mit 90minütiger Audiocassette erschienen. Sie ist in ihrer Sprechgeschwindigkeit auf Ihre Bedürfnisse abgestimmt und hilft Ihnen, Ihr Hörverstehen und Ihre Aussprache zu trainieren und zu verbessern.
   Sie bietet sämtliche französischen Dialogtexte sowie eine Auswahl der Zusatztexte der linken Seiten zum Hören und Nachsprechen.

Und nun lehnen Sie sich entspannt zurück und lassen Sie sich ein auf das Abenteuer Französisch. Sie werden sehen, daß Sprachenlernen so wirklich Spaß machen kann.
Wir wünschen Ihnen viel Erfolg!

Autorin und Verlag

Eine gute und **korrekte** Aussprache des Französischen entwickeln Sie am leichtesten, indem Sie die **Begleitcassette** zu diesem Sprachkurs immer wieder anhören und versuchen, die Aussprache nachzuahmen. Achten Sie dabei auch auf die Satzmelodie, die Ihr Französisch erst richtig authentisch klingen läßt.

Hier die wichtigsten Hinweise zur Aussprache:

Vokale und Konsonanten

Buchstabe	Beispiel	Aussprache
c	centre	vor **e** und **i** stimmloses *s* wie in *Messe*
	carte	sonst wie *k*
ç	ça	wie stimmloses *s* in *Messe*
ch	chanson	wie *sch*
e	tenir	schwaches *e* wie in *bitte*
	adresse	kurzes offenes *e* wie in *ändern*
	écrire	geschlossenes *e* wie in *See*
g	gens	vor **e** und **i** wie weiches *dsch*, ähnlich wie in *Genie*
	grand	sonst wie weiches *g*
h	hôtel	wird nicht ausgesprochen
j	journal	wie weiches *dsch*, ähnlich wie in *Genie*
ll	ville	manchmal wie *l*
	famille	manchmal wie *j*
o	dôme	geschlossenes *o* wie in *Ofen*
	alors	offenes *o* wie in *offen*
s	sucre	stimmloses *s* wie in *Messe*
	fraise	stimmhaftes *s* wie in *Sonne*
u	rue	wie *ü*
v, w	vent	wie *w*
y	style	vor Konsonanten wie *i*
	yeux	sonst wie *j*

Außerdem sind folgende *Buchstabenkombinationen* für die Aussprache wichtig:

Buchstaben	Beispiel	Aussprache
ai, ay	plaire	offenes *e* wie in *ändern*
au, eau	beau	geschlossenes *o* wie in *Ofen*
eu	deux heure	geschlossenes *ö* wie in *mögen* vor **r** offenes *ö* wie in *öffnen*
gn	Champagne	mouilliertes *n* wie in *Champagner*
gue, gui	guide	wie *ge* bzw. *gi*, d. h. das **u** bleibt stumm
oi	soir	gleitendes *w* wie im englischen *water*
ou	vous	wie *u*
qu	qui	wie *k*
ui	huit	gleitendes, sehr geschlossenes *ü*

Nasale

Sicherlich wissen Sie, daß die französische Sprache eine Besonderheit hat: die *Nasale*, durch die Nase gesprochene Vokale. Ein Vokal wird durch die Nase gesprochen, wenn auf ihn ein **m** oder **n** folgt.

an, en	dans	durch die Nase gesprochenes *an*
in, ein, ain, un	vin	durch die Nase gesprochenes *en*
on	bon	durch die Nase gesprochenes *on*

Bindung

Konsonanten am Ende eines Wortes werden meist nicht ausgesprochen. Wenn das folgende Wort allerdings mit einem Vokal oder einem stummem **h** beginnt und die Wörter dem Sinn nach zusammengehören, werden sie gebunden, d. h. der Konsonant am Ende des ersten Wortes wird hörbar:
tout [tu] *alles*, aber:
à tout à l'heure [atu**t**alör] *bis später*.

Bindungen *müssen* Sie sprechen bei:

Artikel + Substantiv	les amis [lezami]
Pronomen + Substantiv	ces amis [sezami]
Zahlwort + Substantiv	troisami [trwazami]
Adjektiv + Substantiv	un grand hôtel [engrãndotel]
Pronomen + Verb	nous allons [nuzalõ]

nach einigen Präpositionen (dans, en, sans, sous)
und nach einigen Adverbien (très, tout, plus, moins).

Bindungen können auch bedeutungsunterscheidend sein:
ils sont [il sõ] sie sind
ils ont [ilzõ] sie haben
vous savez [wu sawe] Sie wissen
vous avez [wuzawe] Sie haben

Auf keinen Fall dürfen Sie nach **et** (und) binden.

Keine Angst, auch wenn Sie bei der Bindung Fehler machen, wird man Sie gut verstehen. Selbst Franzosen halten die Regeln der Bindung nicht immer genau ein. Im Gespräch wird tendenziell immer weniger gebunden; nach **sous** beispielsweise fällt die Bindung heutzutage gelegentlich weg. Wenn zuviel gebunden wird, kann die Aussprache leicht gekünstelt wirken. Beim Vorlesen hingegen werden die Regeln genauer befolgt.

Akzente

Sie haben beim Ansehen der Tabelle sicherlich gemerkt, daß z. B. der Buchstabe **e** auf drei Arten ausgesprochen werden kann. *Akzente* können Ihnen Hinweise auf die Aussprache bestimmter Buchstaben geben:

accent aigu (-é-)	étage	das **e** wird geschlossen gesprochen, wie in *See*
accent grave (-è-)	après	das **e** wird offen gesprochen, wie in *ändern*
accent circonflexe (^)	être	das **e** wird offen gesprochen, wie in *ändern*

Der **accent grave** wird daneben auch als *Unterscheidungsmerkmal* verwendet. So bedeutet z. B. a »er/sie/es hat«, aber à »nach/in/zu«; **ou** heißt »oder«, **où** »wo/wohin«.

Cedille

Einen weiteren Hinweis auf die Aussprache des Buchstabens **c** gibt Ihnen die **Cedille**. Sie haben in der Übersicht auf Seite 8 gesehen, daß das **c** nur vor den hellen Vokalen **e** und **i** wie ein stimmloses *s* ausgesprochen wird; ansonsten spricht man es wie **k**. Um anzuzeigen, daß auch vor den dunklen Vokalen **a**, **o**, und **u** ein stimmloses *s* gesprochen werden soll, setzt man unter das **c** eine **Cedille**: **ç**. Sie finden ein **c-cedille** z. B. in den Wörtern **ça** [sa] oder **garcon** [garsō].

Trema

Das *Trema* (¨) zeigt an, daß zwei aufeinanderfolgende Vokale getrennt ausgesprochen werden. Es steht auf dem zweiten der beiden Vokale:

naïf [na'if]

Apostroph

Vor Wörtern, die mit einem Vokal oder stummen **h** beginnen, werden manche Wörter apostrophiert, d. h. ihr Endvokal wird durch ein *Apostroph* ersetzt:

la voiture, aber: l'amie

Schreibung

Beim Schreiben sollten Sie darauf achten, daß generell klein geschrieben wird. Großschreibung kennt das Französische nur am Satzanfang und bei Eigennamen.

Sicherlich wird Ihnen beim Lesen des Textes auffallen, daß die *Zeichensetzung* im Französischen nicht so streng geregelt ist wie im Deutschen. Das gilt vor allem für Kommas.

Je peux passer? **Darf ich durch?**

Un instant, s'il vous plaît! Einen Moment bitte!

Je vous en prie! Bitte!

Je peux ...? Darf ich ...?/Kann ich ...?

Je peux entrer? Darf ich eintreten?

Je peux m'asseoir ici? Darf ich mich hier hinsetzen?

Je peux poser une question? Darf ich eine Frage stellen?

Je peux fumer? Darf ich rauchen?

téléphoner? telefonieren?

ouvrir la fenêtre? das Fenster öffnen?

fermer la fenêtre? das Fenster schließen?

 J'ai le siège ... **Ich habe den Platz ...**

près de la fenêtre. **am Fenster.**

du milieu. in der Mitte.

côté couloir. am Gang.

 Pardon! **Verzeihung!**

Excusez-moi! Entschuldigen Sie!

Ça ne fait rien! Das macht nichts!

Ce n'est rien! Nichts passiert!

Il n'y a pas de mal! Nichts passiert!

Aujourd'hui, c'est le onze mai. Stephan est assis dans l'avion de Paris. Il est en pleine forme et se réjouit.

D'une part, ce voyage est intéressant sur le plan professionnel; d'autre part, c'est la première fois qu'il va à Paris.

Il a pourtant un petit problème: son français! Il a appris le français à l'école, mais il a tout oublié ...

Bon ...
Il n'est pas encore en France!
Il s'installe bien et se détend.

A ce moment-là une voix douce dit:

1 Je peux passer?
2 J'ai le siège près de la fenêtre.

Stephan lève la tête et voit une paire de grands yeux bleus ... bleus!

Stephan:
Un instant, s'il vous plaît.

Il se lève pour faire passer la jeune femme. Elle lui marche sur les pieds.

La jeune femme:
3 Oh pardon!

Stephan:
Il n'y a pas de mal!

Il est très fier de réagir si vite en français.

Peu après, l'avion part. L'hôtesse explique les mesures de sécurité:

Heute ist der elfte Mai. Stephan sitzt im Flugzeug nach Paris. Er ist in Hochform und freut sich.

Einerseits ist diese Reise beruflich interessant, andererseits ist es das erste Mal, daß er nach Paris fliegt.

Doch er hat noch ein kleines Problem: sein Französisch! Er hat Französisch in der Schule gelernt, aber er hat alles vergessen ...

Nun gut ...
Er ist noch nicht in Frankreich! Er setzt sich bequem hin und entspannt sich.

In diesem Moment sagt eine sanfte Stimme:

Darf ich durch?
Ich habe den Platz am Fenster.

Stephan hebt den Kopf und sieht ein Paar große blaue Augen ... so blau!

Einen Moment, bitte!

Er steht auf, um die junge Frau durchzulassen. Sie tritt ihm auf die Füße.

Oh, Entschuldigung!

Nichts passiert!

Er ist sehr stolz, daß er so schnell auf französisch reagiert.

Kurz darauf setzt sich das Flugzeug in Bewegung. Die Stewardeß erklärt die Sicherheitsvorschriften:

Während in Deutschland kaum noch eine junge Frau mit »Fräulein« angeredet werden möchte, wird in Frankreich »Mademoiselle« für junge, unverheiratete Frauen ohne weiteres verwendet.

Qu'est-ce que vous prenez?	Was nehmen/trinken Sie?
Je voudrais . . .	Ich möchte . . .
Je prends . . .	Ich nehme/trinke . . .

Je prends . . .	Ich trinke . . .
un café	einen Kaffee
un café au lait	einen Milchkaffee
un thé	einen Tee
un thé nature	einen Tee nature
un thé au citron	einen Tee mit Zitrone
un coca-cola	eine Cola
un jus d'orange	einen Orangensaft
un jus de pomme	einen Apfelsaft
un jus de tomate	einen Tomatensaft
un verre de vin rouge	ein Glas Rotwein
vin blanc	Weißwein
mousseux	Sekt
champagne	Champagner
un whisky	einen Whisky
une eau minérale . . .	ein Mineralwasser . . .
gazeuse	mit Kohlensäure
plate	ohne Kohlensäure
s'il vous plaît!	bitte!

Voilà!	Bitte schön!
Tenez!	Bitte schön!

avec du lait	mit Milch
du citron	Zitrone
du sucre	Zucker
de la crème	Sahne
des glaçons	Eis(würfeln)
nature	nature
pur	pur

Nous allons décoller dans quelques instants. Nous vous prions d'attacher vos ceintures et d'éteindre vos cigarettes.

Wir werden gleich starten. Wir bitten Sie, sich anzuschnallen und das Rauchen einzustellen.

Un peu plus tard:
La voisine de Stephan lit.
Stephan essaie de lire un article de journal. Heureusement l'hôtesse arrive déjà avec les boissons:
Qu'est-ce que vous prenez, Mademoiselle?

Ein wenig später:
Stephans Nachbarin liest.
Stephan versucht, einen Zeitungsartikel zu lesen. Zum Glück kommt schon die Stewardeß mit den Getränken.
Was möchten Sie trinken?

La jeune femme:
Je voudrais une eau minérale, s'il vous plaît.

Ich möchte bitte ein Mineralwasser.

L'hôtesse:
Gazeuse?

Mit Kohlensäure?

La jeune femme:
Non gazeuse, s'il vous plaît.

Nein ohne, bitte.

L'hôtesse:
Voilà!
Et vous Monsieur, qu'est-ce que vous prenez?

Bitte schön!
Und Sie, was nehmen Sie?

Stephan:
Un thé, s'il vous plaît.

Einen Tee, bitte.

L'hôtesse:
Avec du lait, du citron, nature?

Mit Milch, Zitrone, natur?

Stephan:
Avec du lait et du sucre, s'il vous plaît.

Mit Milch und Zucker, bitte.

L'hôtesse:
Voilà Monsieur!

Bitte schön.

Stephan:
Merci.

Danke.

Stephan boit son thé avec plaisir et pense à la jeune femme qui est assise à côté de lui.

Stephan trinkt genüßlich seinen Tee und denkt an die junge Frau, die neben ihm sitzt.

8 ▶ Je suis désolé!   **Es tut mir leid!**
Je suis vraiment désolé!   Es tut mir wirklich leid!

Ce n'est pas grave.   Das ist nicht schlimm.
Ça peut arriver à tout   Das kann doch jedem
le monde.   passieren.

9 ▶ un verre   ein Glas
deux verres   zwei Gläser

les nombres (1)	**die Zahlen (1)**
un/une	eins
deux	zwei
trois	drei
quatre	vier
cinq	fünf
six	sechs
sept	sieben
huit	acht
neuf	neun
dix	zehn
onze	elf
douze	zwölf
treize	dreizehn
quatorze	vierzehn
quinze	fünfzehn
seize	sechzehn
dix-sept	siebzehn
dix-huit	achtzehn
dix-neuf	neunzehn
vingt	zwanzig

un‿express   ein Espresso
une‿eau minérale   ein Mineralwasser

 C'est très gentil.   **Das ist sehr nett von Ihnen.**
Merci beaucoup.   Vielen Dank.

 A votre santé!   **Auf Ihr Wohl!**
A ta santé!   Auf dein Wohl!

Si seulement il parlait mieux français, il pourrait lui parler! S'il avait au moins le courage d'essayer!

Wenn er bloß besser Französisch könnte, könnte er mit ihr reden! Wenn er doch bloß den Mut hätte, es zu probieren!

Tout à coup la jeune femme renverse son verre sur le pantalon de Stephan.

Plötzlich schüttet die junge Frau ihr Glas über Stephans Hose.

La jeune femme, toute rouge:
8 Je suis vraiment désolée. Excusez-moi!

Die junge Frau, ganz rot:
Es tut mir wirklich leid. Entschuldigen Sie!

Stephan ... ravi(!):
Mais ce n'est pas grave! Ça peut arriver à tout le monde!

Stephan ... entzückt(!):
Das ist doch nicht schlimm! Das kann doch jedem passieren!

La jeune femme veut essuyer son pantalon avec un kleenex.

Die junge Frau will seine Hose mit einem Papiertuch trocknen.

Stephan:
Laissez, laissez ... Ce n'est pas grave! C'est seulement de l'eau!

Lassen Sie nur! Das ist nicht schlimm! Es ist doch nur Wasser!

A l'hôtesse qui passe, il demande:
9 Deux verres de champagne, s'il vous plaît!

Die Stewardeß, die gerade vorbeigeht, bittet er:
Zwei Gläser Champagner bitte!

L'hôtesse:
Tout de suite, Monsieur!

Sofort!

Elle sert Nathalie et Stephan.
Voilà!

Sie bedient Nathalie und Stephan:
Bitte schön!

Nathalie à Stephan:
10 C'est vraiment très gentil! Alors, à votre santé!

Nathalie zu Stephan:
Das ist wirklich sehr nett von Ihnen. Also dann, Prost!

Stephan:
11 A votre santé!

Prost!

Avec un peu de champagne tout va mieux:

Mit ein bißchen Champagner geht alles besser:

Nathalie a oublié son embarras. Et Stephan a le courage de parler français.

Nathalie hat ihre Verlegenheit vergessen. Und Stephan traut sich, Französisch zu sprechen.

12 **Vous vous appelez comment?**	**Wie heißen Sie?**
Tu t'appelles comment?	Wie heißt du?

Je m'appelle Nathalie. | Ich heiße Nathalie.
Je m'appelle Nathalie Lacan. | Ich heiße Nathalie Lacan.
Je suis Nathalie (Lacan). | Ich bin Nathalie (Lacan).

Je suis . . . | Ich bin . . .
Madame/ | Frau . . .
Mademoiselle . . . |
Monsieur . . . | Herr . . .

Comment? | Wie bitte?

13 **Vous connaissez Gilbert Bécaud?**	**Kennen Sie Gilbert Bécaud?**
Tu connais Patricia Kaas?	Kennst du Patricia Kaas?

Très bien. | Sehr gut.
Un peu. | Ein bißchen.
Pas du tout. | Gar nicht.

14 **J'aime (beaucoup) . . .**	**Ich mag . . . (sehr).**
les chansons françaises.	französische Lieder
la France.	Frankreich
la culture.	die Kultur
la mentalité.	die Mentalität
la cuisine française.	die französische Küche
la langue.	die Sprache

Tu aimes le vin français? | Magst du französischen Wein?

J'aime beaucoup. | Ich mag ihn sehr.

15 **Vous parlez français?**	**Sprechen Sie Französisch?**
Tu parles français?	Sprichst du Französisch?

Un peu. | Ein bißchen.
Ça va. | Es geht so.
Je comprends, mais je ne parle pas bien. | Ich verstehe es, aber ich spreche nicht sehr gut.

Stephan:
Vous permettez que je me présente?

Darf ich mich vorstellen?

12 Je m'appelle Stephan, Stephan Steinberger.

Ich heiße Stephan, Stephan Steinberger.

La jeune femme:
Et moi, je suis Nathalie Lacan.

Und ich bin Nathalie Lacan.

Stephan:
Nathalie? Comme la chanson de Gilbert Bécaud?

Nathalie? Wie in dem Lied von Gilbert Bécaud?

Nathalie rit:
Comme la chanson!

Nathalie lacht:
Wie in dem Lied!

13 Vous connaissez Gilbert Bécaud?

Kennen Sie Gilbert Bécaud?

Stephan:
Un petit peu.

Ein kleines bißchen.

14 J'aime beaucoup les chansons françaises.

Ich mag französische Chansons sehr.

Nathalie:
15 Vous parlez bien français.

Sie sprechen gut Französisch.

Stephan, flatté:
Non, pas bien … un peu seulement.

Stephan, geschmeichelt:
Nein, nicht gut … nur ein bißchen.

16 Je **ne** parle **pas** français.　　Ich spreche **kein** Französisch.
Je **ne** parle **pas** anglais.　　Ich spreche **kein** Englisch.
Je **ne** suis **pas** Français.　　Ich bin **kein** Franzose.

17 **Vous restez combien de**　**Wie viele Tage bleiben Sie?**
jours?

Un jour.　　Einen Tag.
Trois jours.　　3 Tage.
Une semaine.　　Eine Woche.

18 **Vous connaissez Paris?**　**Kennen Sie Paris?**
Tu connais la France?　　Kennst du Frankreich?
Je ne connais pas la région.　　Ich kenne die Gegend nicht.

19 **J'y vais.**　**Ich gehe/fahre/fliege**
hin/dorthin.

pour la première fois　　zum ersten Mal
deuxième　　zweiten
troisième　　dritten

20 **Vous êtes de Paris?**　**Sind Sie aus Paris?**
D'où?　　Woher?
Ils sont d'où?　　Woher sind sie?
Tu es d'où?　　Woher bist du?

Je suis de Berlin.　　Ich bin aus Berlin.

21 **Vous habitez où?**　**Wo wohnen Sie?**
Où?　　Wo?
Tu habites où?　　Wo wohnst du?

J'habite à Lyon.　　Ich wohne in Lyon.
Ils habitent à Paris.　　Sie wohnen in Paris.

Nathalie:
16 Moi, je ne parle pas allemand, malheureusement … Vous allez à Paris?

Ich spreche leider kein Deutsch … Fliegen Sie nach Paris?

Stephan:
Oui.

Ja.

Nathalie:
Pour les vacances?

In Urlaub?

Stephan:
Oui et non. D'abord pour mon travail. Après j'ai encore quelques jours pour visiter la ville.

Ja und nein. Zunächst einmal aus beruflichen Gründen. Danach habe ich noch ein paar Tage Zeit, um die Stadt zu besichtigen.

Nathalie:
17 Vous restez combien de jours?

Wie viele Tage bleiben Sie?

Stephan:
Une semaine.

Eine Woche.

Nathalie:
18 Vous connaissez Paris?

Kennen Sie Paris?

Stephan:
Non, pas du tout!
19 J'y vais pour la première fois.

Nein, überhaupt nicht. Ich fliege zum ersten Mal dorthin.

Nathalie:
Vous allez voir: c'est formidable.

Sie werden sehen: Es ist phantastisch!

20 *Stephan:*
Vous êtes de Paris?

Sind Sie aus Paris?

Nathalie:
21 Je suis de Paris.
J'habite à Paris.
Et j'adore Paris!

Ich bin aus Paris.
Ich wohne in Paris.
Und ich liebe Paris!

Stephan espère qu'elle va proposer d'être son guide. Mais la jeune femme se renfonce dans son fauteuil et reprend son livre.

Stephan hofft, daß sie ihm anbieten wird, ihm die Stadt zu zeigen. Aber die junge Frau lehnt sich in ihren Sessel zurück und nimmt wieder ihr Buch zur Hand.

Au revoir. **Auf Wiedersehen.**
A bientôt. Bis bald.

Bon séjour. Einen schönen Aufenthalt.
Bonnes vacances. Schöne Ferien.

 C'est la vie! **So ist das Leben!**

Stephan voudrait bien parler encore à Nathalie, mais il n'ose plus.
Peut-être que le champagne ne fait plus effet?

Peu après, l'avion atterrit à l'aéroport Charles de Gaulle.

Nathalie Lacan se lève. Elle rassemble ses affaires et dit:
Bon alors, au revoir! Et bon séjour à Paris!

Elle s'engage dans l'allée et la foule l'emporte vers la sortie.

Stephan est désespéré. Il voudrait courir derrière elle.
Mais la vie n'est pas un roman! La vie, c'est la vie!

Stephan würde gerne weiter mit Nathalie reden, aber er traut sich nicht mehr.
Vielleicht wirkt der Champagner nicht mehr?

Kurz danach landet das Flugzeug am Flughafen Charles de Gaulle.
Nathalie steht auf. Sie sammelt ihre Sachen ein und sagt:
Also dann, auf Wiedersehen! Und einen schönen Aufenthalt in Paris!

Sie tritt in den Gang, und die Menschenmenge schiebt sie zum Ausgang.

Stephan ist verzweifelt. Er möchte hinter ihr herlaufen. Aber das Leben ist kein Roman! Das Leben ist eben das Leben!

1 Der R.E.R. (*Abkürzung für* Réseau express régional) ist eine Art S-Bahn, die das Einzugsgebiet von Paris von Ost nach West und von Nord nach Süd durchquert. Im Stadtgebiet von Paris gibt es jedoch nur wenige Haltestellen.

2

Il y a un autobus pour aller ...	**Gibt es einen Bus ...**
au centre?	**ins Zentrum?**
à la gare?	zum Bahnhof?
à la plage?	zum Strand?
à l'aéroport?	zum Flughafen?
Où est l'arrêt du 18?	Wo hält der 18er-Bus?

monter/la montée	einsteigen/der Einstieg
descendre/la descente	aussteigen/der Ausstieg

Je voudrais un ticket.	Ich möchte eine Fahrkarte.
Où est-ce que je peux acheter un ticket?	Wo kann ich eine Fahrkarte kaufen?
Ce bus va bien à ...?	Fährt dieser Bus nach/ zu ...?

3

Où est-ce que je dois descendre?	**Wo muß ich aussteigen?**
Nous devons descendre à la prochaine.	Wir müssen an der nächsten Haltestelle aussteigen.

Pardon! Je dois descendre!	Entschuldigen Sie! Ich muß aussteigen.

devoir	müssen/sollen

Vous devez prendre un taxi.	Sie müssen ein Taxi nehmen.

4

Combien?	**Wieviel?**
C'est combien?	Wieviel macht das?
Ça fait combien?	Wieviel macht das?
Combien ça fait?	Wieviel macht das?

Ça fait 20 Francs.	Es macht 20 Francs.

Stephan est triste. Pourtant, maintenant il doit se concentrer et faire attention aux panneaux:

1 *Bus – RER – Taxi.*

Il décide de prendre le bus. Après avoir marché et »glissé« sur des trottoirs roulants, Stephan arrive à l'arrêt du bus. Il demande:

2 Cet autobus va au centre?

Le chauffeur:
Oui, Monsieur.

Stephan monte.
3 Mon hôtel n'est pas loin des Invalides. Où est-ce que je dois descendre?

Le chauffeur:
A Opéra. Après, vous devez prendre le métro ou un taxi.

Stephan achète un ticket.
Alors, pour Opéra, c'est
4 combien?

Stephan ist traurig. Doch jetzt muß er sich konzentrieren und auf die Schilder achten.

Bus – RER – Taxi.

Er beschließt, den Bus zu nehmen. Nachdem er lange auf Laufbändern gegangen und »dahingeglitten« ist, kommt Stephan an der Bushaltestelle an. Er fragt:
Ist dies der Bus ins Stadtzentrum?

Ja.

Stephan steigt ein.
Mein Hotel ist nicht weit vom Invalidendom. Wo muß ich aussteigen?

Haltestelle Opéra. Dann müssen Sie die U-Bahn oder ein Taxi nehmen.

Stephan kauft eine Fahrkarte.
Was kostet das denn dann, bis Opéra?

Les nombres (2) | **Die Zahlen (2)**

vingt et un	21
vingt-deux	22
vingt-trois	23
etc.	*usw.*
trente	30
trente et un	31
trente-deux	32
etc.	*usw.*
quarante	40
quarante et un	41
etc.	*usw.*
cinquante	50
cinquante et un	51
etc.	*usw.*

Excusez-moi,	Es tut mir leid,
je n'ai pas la monnaie.	ich habe es nicht passend/
	klein.

Bei 5 cin**q**, 6 si**x**, 8 hui**t**, 10 di**x** werden die Endkonsonanten nicht mehr ausgesprochen, wenn dahinter ein Substantiv steht: cin**q** [sẽk], aber cinq francs [sẽfrã].

Venez! | **Kommen Sie!**
Viens! | Komm!

27

ARRIVEE ANKUNFT

5 Le chauffeur:
45 Francs.

45 Francs.

Peu après l'autobus démarre et quitte l'aéroport. La périphérie de Paris avec ses grandes »tours« n'est pas très belle. Alors Stephan regarde les passagers. Et qui il voit?? Nathalie!

Kurz darauf startet der Bus und verläßt den Flughafen. Die Vororte von Paris mit ihren »Wohntürmen« sind nicht sehr schön. Nun schaut Stephan sich im Bus um. Und wen sieht er?? Nathalie!

Nathalie avec un homme ... jeune, charmant ... Tous les deux parlent et rient.

Nathalie, mit einem Mann ... jung, charmant ... Die zwei sprechen und lachen miteinander.

Le cœur de Stephan bat très fort. A ce moment-là, Nathalie le voit et lui fait signe:
6 Venez, venez!

Stephans Herz klopft laut. In dem Moment sieht Nathalie ihn und winkt ihn herüber:
Kommen Sie!

7 ▶ **Je vous présente . . .**   **Ich stelle Ihnen . . .**
   ma femme.   meine Frau
   mon mari.   meinen Mann
   ma sœur.   meine Schwester
   mon ami.   meinen Freund
   mon amie.   meine Freundin
                                vor.
Très heureux!   Sehr erfreut!

Je te présente Nathalie.   Ich stelle Dir Nathalie vor.
Bonjour!   Guten Tag!

C'est Nathalie.   Das ist Nathalie.
Bonjour!   Guten Tag.

C'est Monsieur . . .   Das ist Herr . . .
   Madame/Mademoi-   Frau . . .
   selle . . .
Enchanté!   Angenehm!

8 ▶ **Je viens de Munich.**   **Ich komme aus München.**
Je suis de Munich.   Ich bin aus München.
Vous venez d'où?   Woher kommen Sie?
Tu viens d'où?   Woher kommst du?

9 ▶ **C'est une jolie ville.**   **Es ist eine hübsche Stadt.**
   belle   schöne
   petite   kleine
   grande   große

C'est une ville . . .   Es ist eine . . .
   moderne.   moderne
   intéressante.   interessante
   industrielle.   Industrie-
   ancienne.   alte
                                Stadt.

10 ▶ **Qu'est-ce que vous aimez?**   **Was mögen Sie?**
Qu'est-ce que tu aimes?   Was magst du?

J'aime les vacances.   Ich mag die Ferien.
   la mer.   das Meer.
   la montagne.   das Gebirge.

7 Je vais vous présenter mon frère!

Ich werde Ihnen meinen Bruder vorstellen!

Son frère!!! Stephan est tellement heureux qu'il trébuche sur les bagages dans l'allée et marche sur des pieds:
Oh! Pardon ... Excusez-moi!

Ihr Bruder!!! Stephan ist so glücklich, daß er über das Gepäck im Gang stolpert und auf Füße tritt:
Oh! Verzeihung ... Entschuldigung!

Nathalie:
Stephan, je vous présente mon frère Alain ...
Alain, c'est Stephan. Stephan Steinberger.
8 Il vient de Munich.

Stephan, mein Bruder Alain ...
Alain, das ist Stephan, Stephan Steinberger.
Er kommt aus München.

Stephan:
Très heureux!

Sehr erfreut!

Alain:
Bonjour! Alors comme ça, vous êtes de Munich?

Guten Tag! Sie sind also aus München?

Stephan:
Oui, vous connaissez?

Ja. Kennen Sie die Stadt?

Alain:
Un peu. J'ai un ami à Munich.
9 C'est une très jolie ville. Vous avez des musées intéressants et le musée de la technique est exceptionnel ...

Ein wenig. Ich habe einen Freund in München. Es ist eine sehr hübsche Stadt. Sie haben interessante Museen, und das Deutsche Museum ist etwas ganz Besonderes.

Stephan:
Oui, c'est vrai.

Ja, das stimmt.

Alain:
10 Et bien sûr j'aime le Jardin Anglais et les »Biergarten«.

Und natürlich mag ich den Englischen Garten und die Biergärten.

Vous habitez où à Munich?

Wo wohnen Sie in München?

J'habite ...
   dans un petit village.
   dans une petite ville.
   près de Paris.

Ich wohne ...
   in einem kleinen Dorf.
   in einer kleinen Stadt.
   in der Nähe von Paris.

 C'est super.
   formidable.
   très bien.

Das ist super.
   toll.
   sehr gut.

 Vous faites du sport?
Tu fais du sport?

Treiben Sie Sport?
Treibst du Sport?

Je fais du vélo.
Je fais du ski.
Je fais du tennis.
Je fais de la voile.
Je fais de la gymnastique.
Je fais des randonnées.

Ich fahre Rad.
Ich fahre Ski.
Ich spiele Tennis.
Ich segle.
Ich mache Gymnastik.
Ich wandere.

 Qu'est-ce que vous aimez faire?
J'aime faire du ski.
J'aime faire du tennis.
J'aime manger.
      voyager.
Je n'aime pas regarder la télévision.

Was tun Sie gerne?

Ich fahre gerne Ski.
Ich spiele gerne Tennis.
Ich esse gerne.
      reise
Ich sehe nicht gerne fern.

On peut se voir?
Volontiers.
Je regrette, je ne peux pas.

Können wir uns sehen?
Gerne.
Es tut mir leid, ich kann nicht.

Vous restez combien de temps?

Wie lange bleiben Sie?

5 minutes
une heure
deux jours
un mois
un an

5 Minuten
eine Stunde
zwei Tage
einen Monat
ein Jahr

Stephan:
Je n'habite pas à Munich même. J'habite dans un petit village près de Starnberg.

Ich wohne nicht direkt in München. Ich wohne in einem kleinen Dorf in der Nähe von Starnberg.

Alain:
Je connais très bien le lac de Starnberg. Pour faire de la voile, c'est super!

Ich kenne den Starnberger See sehr gut. Zum Segeln ist es da super.

Stephan:
Vous faites de la voile?

Segeln Sie?

Alain:
Ah oui! J'adore!

Oh ja! Ich tue das für mein Leben gern!

Stephan:
Moi aussi!

Ich auch!

Nathalie:
Ça y est! Quand mon frère commence! ...

Jetzt geht's los! Wenn mein Bruder damit erst mal anfängt! ...

Alain à Nathalie:
Toi, tu ne comprends rien ... Tu n'aimes pas faire de la voile!

Alain zu Nathalie:
Davon verstehst du nichts! Du segelst nicht gern!

à Stephan:
On peut se revoir?

zu Stephan:
Können wir uns wiedersehen?

Stephan:
Volontiers.

Gerne.

Alain:
Vous restez combien de temps à Paris?

Wie lange bleiben Sie in Paris?

Stephan:
Une semaine.

Eine Woche.

17 **Vous êtes libre quand?**   **Wann sind Sie frei?**
Quand?   Wann?

ce soir	heute abend
demain	morgen
après-demain	übermorgen
lundi soir	Montag abend
ce week-end	dieses Wochenende
dans 2 jours	in 2 Tagen
maintenant	jetzt

Tu es libre quel jour?	Wann bist du frei?
Samedi.	Samstag.
Ils sont libres à quelle heure?	Wann sind sie frei?
A partir de 6 heures.	Ab 6 Uhr.

Vous avez le temps mercredi?	Haben Sie Mittwoch Zeit?
Mercredi? Oui, ça va.	Mittwoch? Ja, das geht.
Non, je regrette, je ne peux pas.	Nein, tut mir leid, ich kann nicht.
Je n'ai pas le temps.	Ich habe keine Zeit.
J'ai déjà quelque chose.	Ich habe schon etwas vor.

18 **les jours de la semaine**   **die Wochentage**

lundi	Montag
mardi	Dienstag
mercredi	Mittwoch
jeudi	Donnerstag
vendredi	Freitag
samedi	Samstag
dimanche	Sonntag

lundi matin	Montag früh
lundi après-midi	Montag nachmittag
lundi soir	Montag abend

Je viens lundi.	Ich komme am Montag.
Le lundi, je ne travaille pas.	Montags arbeite ich nicht.

le ... + *Wochentag*	immer am ...

Alain:
C'est un peu court …
17 Demain soir, vous êtes libre?

Das ist ein bißchen kurz …
Sind Sie morgen abend frei?

Stephan:
Demain soir? Non, je
regrette.

Morgen abend? Nein, tut
mir leid.

Alain:
18 Et mercredi soir?

Und Mittwoch abend?

Stephan:
Mercredi soir, ça va.

Mittwoch abend geht es.

A quelle heure? | **Um wieviel Uhr?**

à une heure	um ein Uhr
à deux heures	um zwei Uhr
à trois heures	um drei Uhr
à quatre heures	um vier Uhr
à cinq heures	um fünf Uhr
à six heures	um sechs Uhr
à sept heures	um sieben Uhr
à huit heures	um acht Uhr
à neuf heures	um neun Uhr
à dix heures	um zehn Uhr
à onze heures	um elf Uhr
à midi	um zwölf Uhr
à minuit	um Mitternacht

vers deux heures	gegen zwei Uhr
(pas) avant dix heures	(nicht) vor zehn Uhr
après quatre heures	nach vier Uhr

 pas loin ... | **nicht weit ...**

de Paris	von Paris
de la gare	vom Bahnhof
de l'hôtel	vom Hotel
de l'aéroport	vom Flughafen
du bureau	vom Büro
du travail	von der Arbeit

 Tu as un numéro de télé- | **Hast du eine Telefon-**
phone? | **nummer?**

Vous avez une carte? | Haben Sie eine Karte?
J'ai l'adresse de l'hôtel. | Ich habe die Adresse vom Hotel.

 Tenez! | **Hier bitte!** *(wenn man jemanden siezt)*

Tiens! | Hier bitte! *(wenn man jemanden duzt)*

Voilà. | Hier bitte! *(beide Formen)*

Alain:
19 Alors d'accord pour mercredi soir! A quelle heure?

Dann also Mittwoch abend, einverstanden. Um wieviel Uhr?

Stephan:
A 7 heures?

Um 7 Uhr?

Alain:
Oui, vers 7 heures, c'est bien.

Ja, gegen 7 Uhr, das ist gut.

Stephan:
On se rencontre où?

Wo treffen wir uns?

Alain:
Vous habitez où?

Wo wohnen Sie?

Stephan:
A l'hôtel Marigny.

Im Hotel Marigny.

Alain:
C'est où?

Wo ist das?

Stephan:
20 Pas loin des Invalides.

Nicht weit vom Invaliden-dom.

Alain:
Dans le foyer de l'hôtel à 7 heures. Ça vous va?

Im Hotelfoyer um 7 Uhr. Ist Ihnen das recht?

Stephan:
D'accord!

In Ordnung.

Alain:
21 Vous avez un numéro de téléphone?

Haben Sie eine Telefon-nummer?

Stephan:
22 Tenez! Sur cette carte, il y a l'adresse et le numéro de téléphone de l'hôtel.

Hier bitte! Auf dieser Karte steht die Adresse und die Telefonnummer des Hotels.

Peu après, l'autobus arrive à l'arrêt Opéra. Stephan est si excité qu'il oublie presque sa valise dans le bus.

Kurz darauf kommt der Bus an der Haltestelle Opéra an. Stephan ist so aufgeregt, daß er beinahe seinen Koffer im Bus vergißt.

il y a . . .   **Gibt es . . .**

une station de métro	eine U-Bahn-Station
une boulangerie	eine Bäckerei
une épicerie	einen Lebensmittelladen
une boucherie	eine Metzgerei
une pharmacie	eine Apotheke
une banque	eine Bank
une poste	eine Post
une station-service	eine Tankstelle
un hôtel	ein Hotel
un restaurant	ein Restaurant
un marché	einen Markt
un supermarché	einen Supermarkt
un docteur	einen Arzt
un hôpital	ein Krankenhaus
un garage	eine Werkstatt
un commissariat	eine Polizeistation

près d'ici?   in der Nähe?

Il y a un bon restaurant   Gibt es ein gutes Restaurant
près d'ici?   hier in der Nähe?

 juste derrière vous   **genau hinter Ihnen**

juste devant vous   genau vor Ihnen
à gauche   links
à droite   rechts
tout droit   geradeaus

 Vous allez où?   **Wohin gehen/fahren Sie?**

Où?   Wohin?
Tu vas en France?   Fährst du nach Frankreich?
Elle va à Paris.   Sie fährt nach Paris.
Nous allons au cinéma.   Wir gehen ins Kino.
Tu vas au bureau   Gehst du heute ins Büro?
aujourd'hui?
On va à la plage.   Wir gehen an den Strand.
Vous allez à l'hôtel?   Gehen Sie zum Hotel?
Je vais chez Pierre.   Ich gehe zu Pierre.
Tu vas chez le docteur?   Gehst du zum Arzt?
Je vais dans ma chambre.   Ich gehe in mein Zimmer.

23 *Il demande à un passant:*
Excusez-moi, il y a une station de taxis près d'ici?

Er fragt einen Passanten:
Entschuldigen Sie, ist hier ein Taxistand in der Nähe?

24 *Le passant:*
Oui, regardez, juste derrière vous!

Ja, sehen Sie, direkt hinter Ihnen!

Stephan:
Merci beaucoup!

Vielen Dank!

Le passant:
Je vous en prie!

Bitte.

Stephan monte dans un taxi. Le chauffeur descend et met sa valise dans le coffre.

Stephan steigt in ein Taxi. Der Fahrer steigt aus und verstaut seinen Koffer im Kofferraum.

25 *Le chauffeur:*
Vous allez où?

Wohin möchten Sie?

Stephan:
A l'hôtel Marigny.

Zum Hotel Marigny.

Le chauffeur démarre. Stephan respire profondément, s'installe bien et se détend.
Quel spectacle!
Le taxi quitte l'Opéra, passe devant la place Vendôme, traverse les Champs Elysées. Là-haut, à droite, il y a l'Arc de Triomphe. Qu'est-ce que c'est grand, Paris... la Seine, les maisons, et les avenues...
Quelle circulation! Et quel bruit!
Aujourd'hui il fait beau et les gens prennent leur temps aux terrasses des cafés.

Der Fahrer fährt los. Stephan atmet tief durch, setzt sich bequem hin und entspannt sich.
Was für ein Anblick!
Das Taxi verläßt die Oper, fährt an der Place Vendôme vorbei, überquert die Champs Elysées. Dort oben rechts steht der Triumphbogen. Wie groß Paris doch ist ... die Straßen, die Häuser, die Seine ... Was für ein Verkehr! Und was für ein Lärm!
Heute ist das Wetter schön, und die Menschen sitzen gemütlich vor den Cafés.

Le taxi s'engage dans une petite rue calme et s'arrête bientôt devant l'hôtel.

Das Taxi fährt in eine kleine ruhige Straße hinein und hält kurz darauf vor dem Hotel.

Stephan:
Ça fait combien?

Was macht das?

les nombres (3)   **die Zahlen (3)**

soixante	60
soixante et un	61
soixante-deux	62
etc.	*usw.*
soixante-dix	70
soixante et onze	71
soixante-douze	72
soixante-treize	73
soixante-quatorze	74
soixante-quinze	75
soixante-seize	76
soixante-dix-sept	77
soixante-dix-huit	78
soixante-dix-neuf	79
quatre-vingts	80
quatre-vingt-un	81
quatre-vingt-deux	82
etc.	*usw.*
quatre-vingt-dix	90
quatre-vingts-onze	91
etc.	*usw.*
cent	100

Sicher haben Sie bemerkt, daß bei 81 und 91 kein <u>et</u> die Einer-Zahlen mit den Zehner-Zahlen verbindet. Also: cinquante et un, aber quatre-vingt-un und quatre-vingt-onze.

 Je pourrais ...?   **Dürfte ich ...?/Könnte ich ...?**

Je peux ...?	Darf ich ...?/Kann ich ...?

Je peux avoir ...	Kann ich ...
Je pourrais avoir ...	Könnte ich ...
un reçu?	eine Quittung
une facture?	eine Rechnung
une information?	eine Auskunft
un renseignement?	eine Auskunft
	haben/bekommen?

 Bonne journée!   **Einen schönen Tag!**

Bonne soirée!	Einen schönen Abend!

Le chauffeur:
Alors 55 F plus une valise.
26 Ça fait 61 F.

55 FF und dazu ein Koffer.
Das macht 61 FF.

Stephan donne 70 F au chauf-feur:
27 Je pourrais avoir un reçu, s'il vous plaît?

Stephan gibt dem Fahrer 70 FF:
Könnte ich bitte eine Quittung haben?

Le chauffeur:
Mais bien sûr Monsieur!
28 Voilà! Au revoir! Bonne journée!

Selbstverständlich. Hier, bitte! Auf Wiedersehen! Einen schönen Tag noch!

1 J'ai réservé une chambre. | Ich habe ein Zimmer reserviert.

Je voudrais réserver une chambre. | Ich möchte ein Zimmer reservieren.

Vous avez une chambre . . .? | Haben Sie ein Zimmer . . .?

    pour une personne | für eine Person
    pour deux personnes | für zwei Personen
    à deux lits | mit zwei Betten
    avec salle de bains | mit Bad
    avec douche | mit Dusche
    pour une nuit | für eine Nacht
    pas chère | nicht teuer (= billig)
    tranquille | ruhig
    sur la mer | zum Meer hin
    avec balcon | mit Balkon

Il y a un garage? | Gibt es eine Garage?
    un parking? | einen Parkplatz?

2 Vous pouvez épeler? | Können Sie buchstabieren?

A B [be] C [se] D [de] E [ö] F G [dsche] H [asch] I J [dschi] K L M N O P Q [kü] R S T U [ü] V [we] W [dublewe] X Y [igrek] Z [zed]

3 Je ne trouve pas . . . | Ich finde . . .
    ma clé. | meinen Schlüssel
    mon billet. | meine Eintrittskarte/ Fahrkarte
    mes lunettes. | meine Brille
     | **nicht.**

4 il y a . . . + *Zeitangabe* | vor . . .
il y a une heure | vor einer Stunde
il y a un an | vor einem Jahr

5 aujourd'hui | heute
ce matin | heute vormittag
à midi | heute mittag
cet après-midi | heute nachmittag
ce soir | heute abend

Stephan entre dans l'hôtel. Le décor de la réception est dans le style des années 20. Sur le comptoir, il y a un grand bouquet de roses. Elles sentent bon. Une jeune femme l'accueille avec un sourire très gentil:
Bonjour, Monsieur. Je peux vous aider?

Stephan betritt das Hotel. Die Einrichtung der Rezeption ist im Stil der zwanziger Jahre. Auf der Theke steht ein großer Strauß Rosen. Sie riechen gut. Eine junge Dame begrüßt ihn mit einem netten Lächeln.
Guten Tag! Kann ich Ihnen behilflich sein?

Stephan:
1 J'ai réservé une chambre pour une personne.

Ich habe ein Einzelzimmer reserviert.

La dame:
Oui ... A quel nom, s'il vous plaît?

Ja ... auf welchen Namen, bitte?

Stephan:
Steinberger.

Steinberger.

La réceptionniste:
Pardon?

Wie bitte?

Stephan:
Stephan Steinberger.

Stephan Steinberger.

La réceptionniste:
2 Vous pouvez épeler?

Können Sie das buchstabieren?

Stephan:
S-T-E-I-N-B-E-R-G-E-R.

S-T-E-I-N-B-E-R-G-E-R.

La dame regarde dans son registre et dit:
3 Je suis désolée, je ne trouve pas votre nom.
Quand est-ce que vous avez réservé?

Die Dame schaut in ihr Verzeichnis und sagt:
Es tut mir leid, ich finde Ihren Namen nicht.
Wann haben Sie reserviert?

Stephan:
4 Il y a un mois, à peu près.

Ungefähr vor einem Monat.

La réceptionniste:
Et vous êtes bien sûr, que vous avez réservé pour
5 aujourd'hui?

Und Sie sind ganz sicher, daß Sie für heute reserviert haben?

6	**pour le 11 (onze) mai**	**für den elften Mai**
pour le 1er (premier) mai	für den ersten Mai
pour le 2 (deux) mai	für den zweiten Mai

les mois	**die Monate**
janvier	Januar
février	Februar
mars	März
avril	April
mai	Mai
juin	Juni
juillet	Juli
août	August
septembre	September
octobre	Oktober
novembre	November
décembre	Dezember

7	**C'est ça!**	**Richtig!/Genau!**
C'est juste!	Das stimmt!

8	**Vous partez quand?**	**Wann fahren Sie ab?**
Vous partez le 16?	Fahren Sie am 16. ab?
Tu pars quand?	Wann fliegst du weg?

Je pars demain.	Ich fahre morgen weg.
On part dans 2 jours.	Wir fahren in 2 Tagen weg.
Nous partons ce soir.	Wir fahren heute abend ab.

partir	weggehen/wegfahren/ wegfliegen

Vous restez combien de nuits?	Wie viele Nächte bleiben Sie?
Vous restez combien de jours?	Wie viele Tage bleiben Sie?
Nous allons rester deux jours.	Wir bleiben zwei Tage.

Stephan, un peu nerveux:
Oui, j'ai réservé la chambre
pour le 11 mai.

Stephan, etwas nervös:
Ja, ich habe das Zimmer für
den 11. Mai reserviert.

La réceptionniste:
Qui a fait la réservation?

Wer hat reserviert?

Stephan:
Mon collègue, Monsieur
Perrin.

Mein Kollege, Herr Perrin.

La réceptionniste:
Vous avez dit: Perrin?

Haben Sie Perrin gesagt?

Stephan:
C'est ça.

Ganz richtig.

La réceptionniste:
Un instant, s'il vous plaît.
Ah, voilà! Perrin … c'est une
chambre pour une personne
avec salle de bains, c'est ça?

Einen Moment, bitte. Ah,
hier ist es! Perrin … das ist
ein Einzelzimmer mit Bad,
richtig?

Stephan, soulagé:
Oui, oui.

Stephan, erleichtert:
Ja.

La réceptionniste:
Et vous restez six nuits …
Vous partez le 16?

Und Sie bleiben sechs Nächte
… Sie fahren am 16. ab?

Stephan:
C'est ça.

Richtig.

9 **Vous pouvez ...**   **Können Sie bitte ...**
    épeler   buchstabieren?
    confirmer votre   Ihre Reservierung
    réservation   bestätigen?
    signer   unterschreiben?
    répéter   wiederholen?
    parler plus lentement   langsamer sprechen?
s'il vous plaît?

10 **A quelle heure?**   **Um wieviel Uhr?**
A 10 h.   Um 10 Uhr.
Quelle heure il est?   Wieviel Uhr ist es?

il est une heure dix	13.10
il est une heure et quart	13.15
il est trois heures et demie	15.30
il est quatre heures moins vingt-cinq	15.35
il est quatre heures moins le quart	15.45

Pour le petit déjeuner   **Zum Frühstück gibt es ...**
il y a ...
    du pain   Brot
    du beurre   Butter
    de la confiture   Marmelade
11 des croissants   Croissants
    du café   Kaffee
    ou du thé   oder Tee

Il n'y a pas ...   Es gibt kein(en) ...
    de fromage   Käse
    de jambon   Schinken
    d'œuf à la coque   weichgekochtes Ei.

12 In Frankreich ist das Frühstück normalerweise nicht im Zimmerpreis inbegriffen.

La réceptionniste:
Voilà votre clé. C'est la chambre 55 au 5e étage.

Hier ist Ihr Schlüssel. Es ist das Zimmer 55 im fünften Stock.

9 Vous pouvez remplir cette fiche et signer ici, s'il vous plaît?

Würden Sie bitte dieses Formular ausfüllen und hier unterschreiben?

Stephan:
Voilà!

Bitte schön!

La réceptionniste:
Vous désirez prendre le petit déjeuner?

Möchten Sie hier frühstücken?

Stephan:
10 C'est à quelle heure?

Um wieviel Uhr gibt es Frühstück?

La réceptionniste:
Entre 7 h et 9 h 30 dans la salle à manger.

Zwischen 7 und 9.30 im Speisesaal.

Stephan:
11 Et qu'est-ce qu'il y a?

Und was gibt es?

La réceptionniste:
Un jus de fruit,
du café au lait
ou du café noir,
ou du thé,
ou du chocolat,
du pain, du beurre,
de la confiture,
du miel et
des croissants.

Einen Obstsaft,
Milchkaffee
oder schwarzen Kaffee
oder Tee
oder Schokolade,
Brot, Butter,
Marmelade,
Honig
und Croissants.

Stephan:
D'accord, je le prends.
12 C'est compris dans le prix?

Einverstanden, ich nehme es.
Ist es im Preis inbegriffen?

La réceptionniste:
Non, Monsieur.

Nein.

Stephan:
Je dois payer maintenant?

Muß ich jetzt zahlen?

à votre départ   **bei Ihrer Abfahrt**
à mon départ   bei meiner Abfahrt
au départ   bei der Abfahrt

à votre arrivée   bei Ihrer Ankunft
à mon arrivée   bei meiner Ankunft
à l'arrivée   bei der Ankunft

 payer . . .   **. . . zahlen**
        en liquide   bar
        par chèque   mit Schecks
        avec la carte de crédit   mit Kreditkarte
        en Mark   in DM

Wenn Sie zahlen möchten, verwenden Sie »payer« so gut wie
nie. Sie sagen:
C'est combien?   Wieviel macht das?
Ça fait combien?   Wieviel macht das?
Je vous dois combien?   Was schulde ich Ihnen?
Vor allem letzteres werden Sie oft im Café hören, es ist so
gebräuchlich wie im Deutschen »Ich möchte gerne zahlen.«

L'addition, s'il vous plaît.   Die Rechnung bitte.
Je peux payer avec la carte   Kann ich mit Kreditkarte
de crédit?   zahlen?
Vous prenez des Marks?   Nehmen Sie D-Mark an?

Où est la salle à manger?   **Wo ist der Speisesaal?**
Où est le téléphone?   Wo ist das Telefon?
Où sont les toilettes?   Wo sind die Toiletten?
Où sont les WC? [wese]   Wo ist das WC?

au fond   hinten
au bout du couloir   am Ende des Ganges
à gauche   links
à droite   rechts
en haut   oben
en bas   unten
la première porte à droite   die erste Türe rechts
tout droit   geradeaus
au sous-sol   im Untergeschoß
au 1er étage   im ersten Stock
près de l'ascenseur   neben dem Lift

La réceptionniste:
13 Non, non. A votre départ.

Nein, nein. Bei der Abreise.

Stephan:
Vous acceptez les chèques?

Nehmen Sie Schecks?

La réceptionniste:
14 Bien sûr. Vous pouvez payer comme vous voulez:
en liquide
ou par chèque
ou avec la carte de crédit.
L'ascenseur est là-bas, au fond, à droite.

Selbstverständlich. Sie können zahlen, wie Sie möchten:
bar
oder per Scheck
oder mit Kreditkarte.
Der Lift ist dort hinten rechts.

Stephan:
15 Et où est la salle à manger?

Und wo ist der Speisesaal?

La réceptionniste:
Au bout du couloir, à gauche.

Am Ende des Ganges links.

Stephan:
Merci bien.

Vielen Dank.

La réceptionniste:
A votre service, Monsieur.

Bitte sehr.

Stephan entre dans sa chambre. Elle est claire et spacieuse. Il y a tout le confort: téléphone, télévision, salle de bains avec sèche-cheveux.

Stephan betritt sein Zimmer. Es ist hell und geräumig. Es bietet allen Komfort: Telefon, Fernsehen, Badezimmer mit Fön.

Stephan va dans la salle de bains, se rafraîchir un peu. Puis il commence à défaire sa valise. Perrin, son collègue, va bientôt passer.

Stephan geht ins Bad, um sich ein wenig frisch zu machen. Dann fängt er an, seinen Koffer auszupacken. Bald wird Perrin, sein Kollege, vorbeikommen.

Il s'allonge sur le lit, regarde les moulures au plafond et revoit les événements de la journée. Avec son français, ça ne va pas trop mal. Il pense à Nathalie. Est-ce qu'elle va venir avec son frère, mercredi?

Er streckt sich auf seinem Bett aus, betrachtet den Stuck an der Decke und läßt die Ereignisse des Tages an sich vorüberziehen. Mit seinem Französisch geht es ja gar nicht so schlecht. Er denkt an Nathalie. Wird sie am Mittwoch mit ihrem Bruder kommen?

Bonjour Monsieur!   **Guten Tag!**

Madame, Mademoiselle,   Guten Tag!
bonjour!

Comment allez-vous?   Wie geht es Ihnen?
[komãtalevu]

Comment ça va?   Wie geht's?

Ça va?   Geht's gut?

Très bien. Merci.   Sehr gut, danke.

Et vous?   Und Ihnen?

Et toi?   Und dir?

Ça va.   Mir geht's gut.

Pas mal.   Nicht schlecht.

Pas très bien.   Nicht sehr gut.

In Frankreich ist »Bonjour Monsieur/Madame/Mademoiselle!«
ohne Familiennanmen höflich. »Bonjour« kann auch allein
oder mit Vornamen verwendet werden: »Bonjour Claudine!«
Abends kann man eine Person mit »Bonjour« oder »Bonsoir«
begrüßen.
Wenn man eine Person zum zweiten Mal am selben Tag trifft,
kann man »Rebonjour« sagen.
Man verabschiedet sich mit »Au revoir« oder, am Abend, mit
»Bonsoir«.
»Salut!« entspricht dem deutschen »Hallo!« oder »Tschüss!«,
es wird zur Begrüßung und zum Abschied verwendet. »Salut«
ist familiär; Sie sollten es nur sagen, wenn Sie mit jemandem
schon per »du« sind.

 Ça vous dit?   **Sagt es Ihnen zu?**

Ça te dit?   Sagt es dir zu?

Vous êtes d'accord?   Sind Sie einverstanden?

Tu es d'accord?   Bist du einverstanden?

Oui, bien sûr.   Ja, natürlich.

Non, pas vraiment.   Nein, nicht so ganz.

Je préfère . . .   Ich würde lieber . . .

J'aimerais mieux . . .   Ich würde lieber . . .

Un peu plus tard, le téléphone sonne:
Monsieur Steinberger, on vous attend à la réception.

Ein wenig später klingelt das Telefon:
Herr Steinberger, Sie werden an der Rezeption erwartet.

Stephan:
Merci, j'arrive tout de suite.

Danke, ich komme gleich.

Un homme pas très grand, l'air sympathique, s'avance vers Stephan:
16 Bonjour! Comment allez-vous?

Ein mittelgroßer, sympathisch aussehender Mann kommt auf Stephan zu:
Guten Tag! Wie geht es Ihnen?

Stephan:
Très bien. Merci. Et vous?

Sehr gut. Danke. Und Ihnen?

Perrin:
Très bien aussi! Vous avez fait bon voyage? Vous n'êtes pas trop fatigué?

Auch sehr gut. Hatten Sie einen guten Flug? Sind Sie nicht zu müde?

Stephan:
Non, non. Pas du tout.

Nein, nein. Überhaupt nicht.

Perrin:
J'ai réservé une table dans un petit restaurant.
17 Ça vous dit?

Ich habe einen Tisch in einem kleinen Restaurant reserviert. Sagt Ihnen das zu?

Stephan:
Oui, bien sûr.

Ja, sicher.

18	**On y va à pied?**	**Gehen wir zu Fuß hin?**
	Tu y vas comment?	Wie gehst du hin?

| | |
--- | --- | ---
| Nous y allons en avion. | Wir fliegen hin. |
| J'y vais en train. | Ich fahre mit dem Zug hin. |

| | |
--- | --- | ---
| aller | gehen, fahren, fliegen |
| aller à pied | zu Fuß gehen |
| aller à/en vélo | mit dem Rad fahren |
| aller en train | mit dem Zug fahren |
| métro | der U-Bahn |
| voiture | dem Auto |
| bateau | dem Boot |
| aller en avion | fliegen |

19	**Vous avez envie de prendre un verre?**	**Haben Sie Lust, etwas trinken zu gehen?**
	Tu as envie de sortir?	Hast du Lust auszugehen?

| | |
--- | --- | ---
| Oui, d'accord. | Ja, in Ordnung. |
| Volontiers. | Gerne. |
| Je n'ai aucune envie de travailler. | Ich habe überhaupt keine Lust zu arbeiten. |
| Aujourd'hui je n'ai envie de rien. | Heute habe ich zu gar nichts Lust. |

20	**Normalement . . .**	**Normalerweise . . .**
	D'habitude . . .	Gewöhnlich . . .
	je prends le métro.	fahre ich mit der U-Bahn.
	je ne mange pas de viande.	esse ich kein Fleisch.

21	**demander le chemin**	**nach dem Weg fragen**

| | |
--- | --- | ---
| Excusez-moi, | Entschuldigen Sie, |
| pour aller . . . | wie komme ich . . . |
| à la gare | zum Bahnhof |
| à l'hôtel . . . | zum Hotel . . . |
| au centre | ins Zentrum |
| s'il vous plaît? | bitte? |

| | |
--- | --- | ---
| Pardon, Monsieur/ Madame/Mademoiselle, où est la gare? | Entschuldigen Sie, wo ist der Bahnhof? |

Perrin continue:
Le restaurant n'est pas loin.
On peut y aller à pied. Vous
avez certainement envie de
bouger un peu.

Perrin fährt fort:
Das Restaurant ist nicht weit.
Man kann zu Fuß hingehen.
Sie möchten sich sicherlich
ein wenig die Füße vertreten!

Stephan:
Volontiers!

Gerne.

Perrin:
Attendez!
Normalement j'y vais en voiture, mais à pied, c'est un
autre chemin.
Je dois demander à la
réceptionniste.
Madame, s'il vous plaît, pour
aller à la rue St. Romain?

Einen Moment!
Normalerweise fahre ich mit
dem Auto dorthin, aber zu
Fuß ist der Weg ein anderer.
Ich muß die Dame an der
Rezeption fragen.
Entschuldigen Sie bitte, wie
komme ich zur Rue Saint
Romain?

22 ▶ Vous continuez tout droit.   **Sie gehen/fahren weiter geradeaus.**

Vous tournez à gauche.	Sie biegen nach links ab.
à droite.	rechts

Vous traversez la place.	Sie überqueren den Platz.
la rue.	die Straße.
la rivière.	den Fluß.
Vous traversez le parc.	Sie durchqueren den Park.
le village.	das Dorf.

Vous allez …	Sie gehen/fahren …
jusqu'au feu.	bis zur Ampel.
jusqu'au carrefour.	bis zur Kreuzung.
jusqu'au croisement.	bis zur Kreuzung.
jusqu'au pont.	bis zur Brücke.
jusqu'à la place.	bis zum Platz.
jusqu'à la rivière.	bis zum Fluß.
jusqu'à l'église.	bis zur Kirche.

Vous prenez la première	Sie nehmen die erste
deuxième	zweite
troisième	dritte
rue à gauche.	Straße links.
à droite.	rechts.

C'est la première rue à droite.	Es ist die erste Straße rechts.

C'est à 5 minutes.	Es ist 5 Minuten von hier.
C'est loin.	Es ist weit.
C'est tout près.	Es ist ganz nah.
C'est là.	Es ist dort.

22

La réceptionniste:
Vous sortez de l'hôtel, vous tournez à droite, vous continuez tout droit jusqu'au feu ... là, vous tournez à gauche, la deuxième rue à droite, c'est la rue St. Romain.

Sie gehen aus dem Hotel, Sie wenden sich nach rechts, Sie gehen weiter geradeaus bis zur Ampel ... dort biegen Sie links ab, und die zweite Straße rechts ist die Rue Saint Romain.

Perrin:
Alors ... à droite et puis tout droit jusqu'au feu ... là ... à gauche, et la 2e rue à droite.

Also ... rechts und dann geradeaus bis zur Ampel, da ... links und dann die zweite Straße rechts.

La réceptionniste:
C'est ça. C'est à 5 minutes.

Genau. Es ist 5 Minuten von hier.

Perrin:
Merci beaucoup.

Vielen Dank.

La réceptionniste:
Je vous en prie.

Gern geschehen.

Vous comprenez?

Verstehen Sie (mich)?

Ça va.	Es geht.
Parlez plus lentement, s'il vous plaît!	Sprechen Sie bitte langsamer!
Vous pouvez parler plus lentement, s'il vous plaît?	Könn(t)en Sie bitte langsamer sprechen?
Vous pouvez répéter, s'il vous plaît?	Könn(t)en Sie bitte wiederholen?
Pardon?	Entschuldigung?
Comment?	Wie bitte?

Je ne comprends pas.	Ich verstehe nicht.
Je n'ai pas compris.	Ich habe nicht verstanden.
Je ne sais pas si j'ai compris.	Ich weiß nicht, ob ich verstanden habe.

 J'ai réservé une table.

Ich habe einen Tisch reserviert.

Je voudrais réserver une table pour 4 personnes pour dimanche.	Ich möchte einen Tisch für 4 Personen für Sonntag reservieren.
Je voudrais décommander la table au nom de Perrin pour le 8.	Ich möchte den Tisch für Perrin für den 8. abbestellen.
Il y a encore une table de libre?	Ist noch ein Tisch frei?
Nous sommes trois.	Wir sind zu dritt.

Wenn Sie in einem Restaurant essen, werden Sie entweder ein Menü oder »à la carte« essen. Ein Menü besteht aus mindestens drei Gängen: Vorspeise, Hauptgang und Dessert. Wenn Sie sich entscheiden, »à la carte« zu essen, wird jedoch erwartet, daß Sie mindestens zwei Gänge bestellen. Bedenken Sie, daß »à la carte« zu essen immer teurer ist. Sie können auch in einer Brasserie, einer Snack-Bar oder natürlich in einem Bistrot essen. Dort können Sie auch nur einen Gang bestellen.

In den meisten Restaurants führt Sie der Kellner zu einem Tisch. Auch wenn dies nicht der Fall ist, sollten Sie sich nicht zu anderen Gästen dazusetzen. Ist kein Tisch frei, warten Sie an der Bar oder suchen sich ein anderes Lokal.

Les deux hommes quittent l'hôtel et marchent dans les rues animées de Paris. Ils discutent.

Die zwei Männer verlassen das Hotel und gehen durch die belebten Straßen von Paris. Sie reden miteinander.

Perrin:

1 Ça va? Vous me comprenez?

Geht's? Verstehen Sie mich?

Stephan:

Si vous parlez lentement, je comprends.

Wenn Sie langsam sprechen, verstehe ich Sie.

Ils arrivent devant le restaurant. Ils entrent. C'est archiplein. Ça sent bon. Il y a une bonne ambiance.

Sie kommen am Restaurant an. Sie gehen hinein. Es ist prallvoll. Es riecht gut. Es herrscht eine angenehme Atmosphäre.

Un garçon les accueille à la porte:
Bonjour Messieurs. Je peux vous aider?

Ein Kellner begrüßt sie an der Tür:
Guten Abend. Kann ich Ihnen helfen?

Perrin:

2 J'ai réservé une table pour deux personnes.

Ich habe einen Tisch für zwei Personen reserviert.

Le garçon:
A quel nom?

Auf welchen Namen?

Perrin:
Perrin.

Perrin.

Le garçon:

3 Si vous voulez bien me suivre …

Wenn Sie mir bitte folgen wollen …

Il leur indique une table dans un coin. Elle est très bien placée. De là, Stephan peut voir toute la salle. Le public est très varié.

Er weist ihnen einen Tisch in der Ecke an. Er steht sehr günstig. Von dort aus kann Stephan den ganzen Raum überblicken. Das Publikum ist recht gemischt.

4 In Frankreich ist es üblich, vor dem »déjeuner« (Mittagessen) oder dem »dîner« (Abendessen) einen Aperitif zu trinken. Wenn Sie keinen möchten, dann sagen Sie:

Je ne prends rien, merci.   Ich trinke keinen, danke.
Pour moi rien, merci.   Für mich keinen, danke.

5 **A la vôtre!**   **Auf Ihr/euer Wohl!**
A la tienne!   Auf dein Wohl!
Santé!   Zum Wohl!
Tchin-tchin!   Prost! *(unter Freunden)*

6 **Je peux vous aider?**   **Kann ich Ihnen helfen?**
Merci, c'est gentil.   Danke, das ist nett.
Ce n'est pas la peine, merci.   Es ist nicht nötig, danke.

Le garçon apporte la carte et demande:

Der Ober bringt die Karte und fragt:

4 Vous prenez un petit apéritif?

Nehmen Sie einen Aperitif?

Perrin à Stephan:
Qu'est-ce que vous prenez?

Perrin zu Stephan:
Was nehmen Sie?

Stephan:
Je ne sais pas ...
Qu'est-ce qu' on boit normalement en France?

Ich weiß nicht.
Was trinkt man normalerweise in Frankreich?

Perrin:
Ça dépend ...
Souvent des apéritifs anisés comme le pastis; en général, on évite les alcools forts ...

Das kommt darauf an ...
Oft Aperitifs mit Anisgeschmack, wie Pastis; im allgemeinen meidet man starke alkoholische Getränke ...

Stephan:
La maison a une spécialité?

Gibt es eine Spezialität des Hauses?

Perrin:
Oui, le »Communard«.

Ja, den »Communard«.

Stephan:
Qu'est-ce que c'est?

Was ist das?

Perrin:
Du vin rouge avec de la liqueur de cassis.

Rotwein mit schwarzem Johannisbeerlikör.

Stephan:
Je vais goûter.

Ich probiere es.

Peu après ...

Kurz darauf ...

Perrin:
5 A la vôtre!

Zum Wohl!

Stephan:
A la vôtre!
Hm! c'est bon!

Zum Wohl!
Hm! Das ist gut!

Ils commencent à lire la carte.

Sie fangen an, die Karte zu lesen.

Stephan ne comprend pas tout.

Stephan versteht nicht alles.

Perrin:
6 Je peux vous aider?

Kann ich Ihnen helfen?

7 **Qu'est-ce que c'est, ...?**   **Was ist das, ...?**

C'est grand?   Ist es groß?
   petit?   klein?
   sucré?   süß?
   salé?   salzig?
   chaud?   warm?
   froid?   kalt?
   avec de la crème?   mit Sahne?
    de l'ail?   Knoblauch?

Qu'est-ce que c'est: Was ist das:
la sauce Périgueux?   Sauce Perigueux?

C'est de la viande?   Ist es Fleisch?
   du poisson?   Fisch?
   un légume?   Gemüse?
   un hors d'œuvre?   eine Vorspeise?
   un dessert?   ein Nachtisch?

Comme ça?   So?
Ça a un goût de quoi?   Wonach schmeckt es?
C'est bon?   Schmeckt es gut?

8 **Excusez-moi, mais il manque ...**   **Entschuldigen Sie, aber es fehlt ...**

   une assiette.   ein Teller.
   un couteau.   ein Messer.
   une fourchette.   eine Gabel.
   une grande cuillère.   ein großer Löffel.
   une petite cuillère.   ein kleiner Löffel.
   un verre à eau.   ein Wasserglas.
   un verre à vin.   ein Weinglas.
Vous avez oublie ...   Sie haben ...
   le pain.   das Brot
   l'eau minérale.   das Mineralwasser
             vergessen.

Stephan:
Je veux bien … Qu'est-ce que c'est, le potiron?

Gerne. Was ist das, der »potiron«?

Perrin:
C'est grand comme ça *(geste)*, c'est orange …

Es ist so groß *(Geste)*, es ist orange …

Stephan:
C'est un légume? Alors … j'ai compris.
Et la terrine de volaille?

Ist es ein Gemüse? Dann habe ich verstanden.
Und die »terrine de volaille«?

Perrin:
Vous comprenez poule? coq? canard? coin-coin-coin!
C'est la volaille!

Verstehen Sie Huhn? Hahn? Ente? quak quak quak!
Das ist Geflügel.

Stephan rit:
Vous êtes un bon professeur!
… Et la blanquette?

Stephan lacht.
Sie sind ein guter Lehrer!
… Und die »blanquette«?

Perrin:
Ça c'est bien français! C'est de la viande de veau avec du vin blanc, de la crème et des champignons … c'est très bon.

Das ist typisch französisch! Es ist Kalbfleisch mit Weißwein, Sahne und Pilzen …
Es schmeckt sehr gut.

SPEISEKARTE

Fisch und Meeresfrüchte
Austern
Muscheln
Schnecken
Goldbrasse
Seewolf
Rochen
Forelle
Seehecht

Fleischgerichte
Rinderbraten
Kalbskotelett
Kalbsschnitzel
Lammkeule
Hammelragout
Schweinebraten
Huhn
Hahn
Pute
Perlhuhn
Kaninchen
Hase
Rebhuhn
Reh
Fasan
Ente
Gans
Innereien
Leber
Herz
Zunge
Nieren
Kutteln

Gemüse
Erbsen
grüne Bohnen
Spargel
Rohkost
Reis
Kartoffelauflauf
Sauerkraut

Nachspeisen
gestürzte Apfeltorte mit Karamelguß
Karamelpudding
Eis
Eischnee auf Vanillesoße
Obstsalat
Halbgefrorenes

CARTE

Poissons et coquillages

les huîtres
les moules
les escargots
la dorade
le loup de mer
la raie
la truite
le colin

Viandes

le rôti de bœuf
la côte de veau
l'escalope de veau
le gigot d'agneau
le navarin de mouton
le rôti de porc
le poulet
le coq
la dinde
la pintade
le lapin
le lièvre
la perdrix
le chevreuil
le faisan
le canard
les abats
l'oie
le foie
le cœur
la langue
les rognons
les tripes

Legumes

les petit-pois
les haricots verts
les asperges
les crudités
le riz
le gratin dauphinois
la choucroute

Desserts

la Tarte Tatin
la crème caramel
la glace
l'île flottante
la macédoine de fruits
le parfait

9 ▸ **Vous avez choisi?**   **Haben Sie gewählt?**
Qu'est-ce que vous recom-   Was empfehlen Sie?
mandez?

Deux menus à . . . F.   Zwei Menüs zu . . . Francs.
Je voudrais un steak . . .   Ich möchte mein Steak, . . .
   saignant.   blutig
   à point.   medium
   bien cuit.   durchgebraten
Pour moi de la viande.   Für mich Fleisch.
     pas de viande.   kein Fleisch.
     du poisson.   Fisch.
     pas de poisson.   kein Fisch.
     des légumes.   Gemüse.
     pas de légumes.   kein Gemüse.

Je peux avoir une salade à la   Kann ich einen Salat anstatt
place des frites?   der Pommes Frites haben?
Je peux avoir . . .   Kann ich . . .
à la place de . . .?   anstatt . . . haben?

J'aimerais bien du poisson.   Ich hätte gerne Fisch.
J'aimerais mieux des   Ich hätte lieber Gemüse.
légumes.

Nous sommes pressés.   Wir haben es eilig.
Ça va vite?   Geht es schnell?

10 ▸ In Frankreich ist es üblich, zuerst nur die Vorspeise und die
Hauptspeise zu bestellen und erst nach dem Essen den
Nachtisch. Man weiß dann, wieviel »Platz« man noch hat!

11 ▸ Wein wird hauptsächlich zu den Mahlzeiten getrunken. Es
wird sorgfältig darauf geachtet, daß der Wein zum Essen paßt.

un vin doux   ein süßer Wein
   sec   trockener
   frais   gekühlter
un vin chambré   ein Wein, der Zimmertempe-
                    ratur hat

Man kann Wein in der Flasche (»une bouteille«), in halben
Flaschen (»demi-bouteille«), in sehr guten und teuren Restaurants auch im Glas (»un verre«: 25 cl) bestellen.

A ce moment-là le garçon revient:	*In diesem Moment kommt der Kellner wieder:*
9 Vous avez choisi?	Haben Sie gewählt?
Perrin:	
Non, pas encore …	Nein, noch nicht …
à Stephan:	*zu Stephan:*
Qu'est-ce que vous préférez? de la viande? du poisson?	Was möchten Sie lieber essen? Fleisch oder Fisch?
Stephan:	
J'aimerais bien du poisson. Qu'est-ce que vous me recommandez?	Ich hätte gerne Fisch. Was empfehlen Sie mir?
Le garçon:	
Le saumon à l'oseille ou les croquettes de sole aux asperges.	Den Lachs mit Sauerampfersoße oder die Seezungenkroketten mit Spargel.
Stephan:	
10 Alors … comme hors-d'œuvre je prends une soupe de potiron et ensuite les croquettes.	Also … als Vorspeise nehme ich eine Kürbissuppe und dann die Seezungenkroketten.
Perrin:	
Et pour moi, une salade Périgourdine et une blanquette, s'il vous plaît!	Für mich einen Salat »Périgourdine« und eine »Blanquette«, bitte!
Le garçon:	
Et qu'est-ce que vous buvez?	Und was trinken Sie?
Perrin:	
11 … Le blanc, ça va avec les deux?	… Paßt Weißwein zu beidem?
Le garçon:	
Oui, prenez un Chablis: ça va bien avec le poisson et la blanquette.	Ja. Nehmen Sie einen Chablis. Er paßt zum Fisch und zur »Blanquette«.
Perrin:	
Alors une bouteille de Chablis et une grande bouteille d'eau minérale.	Dann eine Flasche Chablis und eine große Flasche Mineralwasser.

Man kann viel über einen Wein erfahren, indem man sich einfach die Flasche ansieht.

Manche Regionen verwenden traditionell bestimmte Formen und Farben für ihre Flaschen. Eine Flasche Bordeaux sieht anders aus als eine Flasche Bourgogne.

Das Etikett enthält Angaben über das Gut (»château«), die Lage (»cru«), den Jahrgang, den Namen der Winzergenossenschaft, die kontrollierte Herkunftsbezeichnung (»Appellation contrôlée«, »AOC« oder »AC«).

Es muß nicht immer ein »AOC« sein! In der Kategorie »VDQS« (»Vin de qualité supérieure«, Wein gehobener Qualität) findet man auch interessante Weine.

Preisgünstiger sind der »Vin du Pays« (Landwein) oder der »Vin du patron« (Hauswein), der normalerweise in Karaffen serviert wird.

| un demi (litre) | 1/2 (Liter) |
| un quart (de litre) | 1/4 (Liter) |

 Je suis né le 10.   **Ich bin am zehnten geboren.**

Elle est née le 3-5-47.   Sie ist am 3. 5. 47 geboren.
(trois-cinq-quarante-sept)

Tu es née en juin?   Bist du im Juni geboren?

Vous êtes né où?   Wo sind Sie geboren?

 Das Périgord ist die Gegend östlich von Bordeaux. Es zählt zu den kulturell reichsten Landschaften Europas und ist wegen seiner vielen vorgeschichtlichen Stätten besonders für die Vor- und Frühgeschichte wichtig. In Frankreich heißt das Périgord auch »le pays du bien manger«, das Land des guten Essens. Die kulinarischen Spezialitäten sind schwarze Trüffel, Gänseleberpastete und »Magret de canard« (Entenbrust). Die Hauptstadt heißt Périgueux.

Peu après, le garçon revient avec les boissons.

12 *Avant de déboucher la bouteille, il montre l'étiquette à Perrin. Puis il verse un peu de vin dans un verre. Perrin goûte et fait signe au garçon de remplir les verres. Stephan observe ce rituel. Ça lui plaît.*

Kurz darauf kommt der Kellner mit den Getränken.
Bevor er die Flasche entkorkt, zeigt er Perrin das Etikett. Dann gießt er ein bißchen Wein in ein Glas. Perrin probiert den Wein und bedeutet dem Kellner, die Gläser aufzufüllen. Stephan beobachtet dieses Ritual. Es gefällt ihm.

Puis, le garçon apporte les hors-d'œuvres.
Bon appétit, Messieurs.

Dann kommt der Kellner mit den Vorspeisen.
Guten Appetit!

Perrin et Stephan:
Merci.

Danke!

Les deux hommes commencent à manger.

Die beiden Männer beginnen zu essen.

Perrin:
Elle est bonne, votre soupe?

Schmeckt Ihre Suppe?

Stephan:
Délicieuse. Qu'est-ce que vous avez?

Köstlich. Was haben Sie?

Perrin:
Une salade Périgourdine. C'est une spécialité de ma région.

Einen Salat aus dem Périgord. Es ist eine Spezialität aus meiner Region.

Stephan:
Vous n'êtes pas Parisien?

Sind Sie nicht aus Paris?

Perrin:
13 Non. Comme beaucoup, je suis monté à Paris pour mon travail. Mais je suis né et j'ai **14** grandi dans le Périgord.

Nein. Wie so viele bin ich wegen meiner Arbeit nach Paris gekommen. Aber ich bin im Périgord geboren und aufgewachsen.

Perrin parle encore des vacances, de sa famille, de Munich ...

Perrin spricht noch über die Ferien, über seine Familie, über München ...

15▷ Französische Geschäftsleute gehen gerne miteinander essen, um ernste Gespräche zu führen.
Aber zuerst unterhalten sie sich über das Essen, die Kultur, das Leben, die Welt – und erst zum Schluß, »entre la poire et le fromage«, zwischen Birne und Käse, wird über die Angelegenheit geredet, deretwegen man im Restaurant sitzt.

16▷ Beim Käse wird diskutiert, ob der Brie reif genug ist, ob er auf der Zunge zergeht, ob er seinen geschmacklichen Höhepunkt erreicht hat ...

17▷ Die Käseauswahl ist nicht dazu bestimmt, ganz und gar aufgegessen zu werden. Man wählt lediglich zwei oder drei Sorten des angebotenen Käses aus.
Oft darf der Gast sich selbst bedienen: Deshalb ist etwas Zurückhaltung geboten.

18▷

Ça vous a plu?	**Hat es Ihnen geschmeckt?**
C'était bon?	War es gut?
Vous êtes satisfait?	Sind Sie zufrieden?

Merci,	Ja, danke,
c'était très bon.	es war sehr gut.
délicieux.	köstlich.
excellent.	ausgezeichnet.

Non, pas très, ...	Nein, nicht sehr, ...
la viande était dure.	das Fleisch war zäh.
le vin était trop chaud.	der Wein war zu warm.
la soupe était trop salée.	die Suppe war versalzen.
Je voudrais parler au patron.	Ich möchte mit dem Geschäftsführer sprechen.

Wenn Sie nicht zufrieden sind, können Sie in Frankreich problemlos reklamieren. Allerdings sind die Franzosen auch in dieser Situation sehr höflich.

Je regrette, j'ai commandé un steak à point, pas un steak saignant.	Es tut mir leid, ich habe mein Steak medium, nicht englisch bestellt.
Je regrette, mais j'ai pris un café, pas deux.	Es tut mir leid, aber ich hatte einen Kaffee, nicht zwei.

15 *Quand le garçon apporte le plateau de fromage, ils n'ont pas encore parlé du travail!*

Als der Ober die Käseplatte bringt, haben sie noch nicht über die Arbeit gesprochen!

16 *Le fromage! C'est une vraie science! Heureusement que Perrin est là!*
Il y a
le fromage de brebis
et le fromage de chèvre
et le fromage au lait cru de vache …

Der Käse! Das ist eine Wissenschaft für sich! Zum Glück ist Perrin da!
Es gibt
Schafskäse
und Ziegenkäse
und Rohmilchkäse von der Kuh …

Stephan aimerait les goûter tous. Mais pour ne pas faire de faux-pas il fait comme Perrin:
17 *Il en prend seulement trois petits morceaux!*

Stephan würde gerne alle probieren. Aber um sich nicht zu blamieren, macht er es wie Perrin: Er nimmt nur drei kleine Stückchen!

Plus tard le garçon demande:
Vous prenez un petit dessert?

Später fragt der Kellner:
Nehmen Sie einen Nachtisch?

Perrin à Stephan:
Vous devez goûter la Tarte Tatin de la maison. Elle est excellente.

Perrin zu Stephan:
Sie müssen die »Tarte Tatin« des Hauses probieren. Sie ist hervorragend.

A la fin du repas, le garçon apporte encore un digestif et demande:
18 Ça vous a plu?

Zum Schluß bringt der Ober noch einen Digestif und fragt:

Hat es Ihnen geschmeckt?

Perrin:
C'était très bon … Et l'addition, s'il vous plaît!

Es war sehr gut … Die Rechnung bitte.

Le garçon apporte l'addition pliée en deux sur une assiette et la pose discrètement devant Perrin.

Der Kellner bringt die Rechnung, die zusammengefaltet auf einem Teller liegt, und stellt ihn diskret vor Perrin hin.

Es ist in Frankreich nicht üblich, getrennt zu zahlen. Falls jeder seinen eigenen Anteil bezahlen möchte, wird erst alles bezahlt und danach die Rechnung pauschal durch die Zahl der Gäste geteilt.

J'ai passé une bonne soirée, merci.	**Ich habe einen sehr schönen Abend verbracht, danke.**
Moi de même.	Ich auch.
Moi aussi.	Ich auch.

Merci, c'était très sympa.	Danke, es war sehr nett.
Je suis content que ça t'ait plu.	Ich freue mich, daß es dir gefallen hat.

19 *Perrin fait un chèque et laisse un pourboire.*
Les deux hommes quittent le restaurant et retournent à l'hôtel. Ils prennent congé devant la porte:

Perrin stellt einen Scheck aus und hinterläßt ein Trinkgeld. Die beiden Männer verlassen das Lokal und gehen zum Hotel zurück. Sie verabschieden sich vor der Tür:

Stephan:
20 Merci beaucoup pour cette bonne soirée.

Vielen Dank für den angenehmen Abend.

Perrin:
Tout le plaisir était pour moi.
Alors à demain à 9 h?

Das Vergnügen war ganz auf meiner Seite.
Also dann bis morgen, um 9 Uhr?

Stephan:
A demain.

Bis morgen.

1 Die U-Bahn-Stationen werden durch ein M (»métro«) gekennzeichnet.

An der Kasse oder an Automaten kann man »un ticket« (eine Einzelfahrkarte) oder »un carnet«, also einen Block von zehn Fahrkarten kaufen, der billiger ist als zehn Einzelfahrkarten. Das »ticket« gilt unabhängig von der gefahrenen Strecke, solange man den U-Bahn-Bereich nicht verläßt und durch den Ausgang (»sortie«) geht.

2 Die U-Bahn-Linien tragen eine Nummer, aber gewöhnlich werden sie nach der jeweiligen Endstation genannt.
Die Linie Nummer 4 z. B. heißt: Porte de Clignancourt – Porte d'Orléans. Die Endstationen sind oft nach einer »Porte«, einem der früheren Stadttore von Paris, benannt, oder haben »Mairie« (Rathaus), »Pont« (Brücke) oder »Château« (Schloß) im Namen.

Mercredi est enfin arrivé!
Le temps a passé vite mais
encore trop lentement pour
Stephan qui désire revoir Na-
thalie.

Il va au bureau de Monsieur
Perrin pour lui dire au revoir.
Puis il retourne à son hôtel en
métro.

Il aime l'atmosphère du métro
parisien.
Il doit faire la queue. C'est
enfin son tour:

1 Un carnet, s'il vous plaît.

La caissière:
Voilà! Ça fait 32 F.

Stephan:
Pour aller à la station Duroc,
2 c'est quelle direction?

La caissière:
Château de Vincennes. Vous
changez à Champs Elysées
et vous prenez la direction
Châtillon Montrouge.

Stephan:
Merci beaucoup.

Il passe le contrôle des billets et
s'engage dans un couloir.

Il y a un vieux monsieur qui
joue des airs d'Edith Piaf sur
un accordéon. Plus loin, un
jeune homme joue du saxo-
phone. Plus loin encore, une
vieille femme vend des bon-
bons de toutes les couleurs: des
rouges, des oranges, des jaunes,
des verts, des bleus, des lilas,
des violets ...

Endlich ist der Mittwoch da!
Die Zeit ist schnell vergangen
und doch zu langsam für Ste-
phan, der Nathalie wieder-
sehen möchte.

Er geht zum Büro von Herrn
Perrin, um ihm auf Wiederse-
hen zu sagen. Dann kehrt er
mit der U-Bahn zu seinem
Hotel zurück.

Er liebt die Atmosphäre der
Pariser U-Bahn.
Er muß Schlange stehen. End-
lich ist er an der Reihe:
Eine Zehnerkarte bitte.

Bitte schön! Das macht
32 FF.

In welche Richtung fährt
man zur Haltestelle Duroc?

Château de Vincennes. Bei
»Champs Elysées« steigen Sie
um und nehmen die Rich-
tung Châtillon Montrouge.

Vielen Dank.

Er geht durch die Kontroll-
schranke und in einen Gang
hinein.
Ein alter Mann spielt Lieder
von Edith Piaf auf einem Ak-
kordeon. Ein Stückchen weiter
spielt ein junger Mann Saxo-
phon. Noch ein Stückchen
weiter verkauft eine alte Frau
Bonbons in allen Farben: rote,
orange, gelbe, grüne, blaue,
lilafarbene, violette ...

3 **Je suis vraiment désolé,**
mais ...
    je ne peux pas venir.
    je ne peux pas vous voir.
Je regrette beaucoup.
Je ne suis pas libre.

Es tut mir wirklich leid,
aber ...
    ich kann nicht kommen.
    ich kann Sie nicht sehen.
Ich bedaure es sehr.
Ich bin nicht frei.

Au croisement de deux cou-
loirs, un Africain joue Mozart.

Am Kreuzungspunkt zweier
Gänge spielt ein Afrikaner
Mozart.

Les gens regardent, s'arrêtent.

Die Leute schauen zu, bleiben
stehen.

De bonne humeur, Stephan
arrive à l'hôtel et demande sa
clé.

Gutgelaunt kommt Stephan
im Hotel an und verlangt seinen Schlüssel.

La réceptionniste:
Il y a un message pour vous!

Es ist eine Nachricht für Sie
da.

3 Stephan lit:
»Je suis vraiment désolé. Je
ne peux pas venir. Je vous
rappelle.«
A. Lacan

Stephan liest:
»Es tut mir wirklich leid. Ich
kann nicht kommen. Ich
rufe Sie wieder an.«
A. Lacan

Stephan est vraiment déçu. Pas
un mot de Nathalie!
Il pense:
Quel idiot je suis!

Stephan ist wirklich enttäuscht.
Kein Wort von Nathalie!
Er denkt:
Was für ein Idiot ich doch
bin!

Il ne sait plus quoi faire de
cette première soirée de libre.

Er weiß nicht mehr, was er
mit diesem ersten freien Abend
anfangen soll.

Ce soir, Paris est triste, terri-
blement triste.

Heute abend ist Paris trostlos,
schrecklich trostlos.

Stephan s'assoit dans le foyer de
l'hôtel et feuillette machinalement »Pariscope«.

Stephan setzt sich in die Ho-
telhalle und blättert lustlos im
»Pariscope«.

A ce moment-là, le téléphone
sonne.

In diesem Augenblick klingelt
das Telefon.

La réceptionniste:
Monsieur Steinberger, c'est
pour vous.

Herr Steinberger, es ist für
Sie.

4 C'est Madame/Mademoi- selle/Monsieur . . .   Hier spricht Frau/Herr . . .

C'est Nathalie à l'appareil.	Nathalie am Apparat.
C'est moi.	Ich bin's.
Je voudrais parler à . . .	Ich möchte mit . . . sprechen.
C'est toi, Pierre?	Bist du es, Pierre?
Attendez un instant.	Einen Moment bitte.
Il/Elle n'est pas là.	Er/Sie ist nicht da.
Je vous le passe.	Ich gebe ihn Ihnen.
Je te la passe.	Ich gebe sie dir.
Ne quittez pas.	Bleiben Sie dran.
Restez en ligne.	Bleiben Sie dran.
Je peux parler à Monsieur . . ., s'il vous plaît?	Könnte ich bitte mit Herrn . . . sprechen?
C'est de la part de qui?	Wer spricht?
Vous pouvez rappeler?	Können Sie zurückrufen?
Vous voulez qu'il vous rap- pelle?	Möchten Sie, daß er Sie zurückruft?
Quand est-ce qu'il peut vous rappeler?	Wann kann er Sie zurück- rufen?
Il a votre numéro de télé- phone?	Hat er Ihre Telefonnummer?
Je peux laisser un message?	Kann ich eine Nachricht hinterlassen?
Dites que Monsieur . . . a téléphoné.	Sagen Sie, daß Herr . . . an- gerufen hat.
Au revoir Madame!	Auf Wiederhören!

Stephan prend l'écouteur et entend:

4 Je voudrais parler à Monsieur Steinberger, s'il vous plaît.

Mais . . . c'est la voix de Nathalie!

Stephan est tellement bouleversé qu'il est incapable de répondre.

Nathalie continue:
Allô! Vous m'entendez?
Allô! . . .

Stephan nimmt den Hörer ab und hört:

Ich möchte bitte mit Stephan Steinberger sprechen.

Aber ... das ist doch die Stimme von Nathalie!

Stephan ist so durcheinander, daß er unfähig ist zu antworten.

Nathalie fährt fort:
Hallo! Hören Sie mich?
Hallo? . . .

5 ▶ Die Franzosen melden sich am Telefon nur mit »Allô«, der Anrufer muß sich also zuerst vorstellen. Wenn Sie überprüfen wollen, ob Sie mit der richtigen Person verbunden sind, dann fragen Sie: »C'est bien ...«: »Bin ich richtig bei ...?«, z. B.:

C'est bien le cabinet du Docteur Dupont?	Spreche ich mit der Praxis von Dr. Dupont?
Excusez-moi, je me suis trompé de numéro.	Entschuldigen Sie, ich habe mich verwählt.
Ça ne fait rien.	Das macht nichts.
C'est occupé.	Es ist besetzt.

6 ▶ **Ça ne fait rien.** **Das macht nichts.**

C'est dommage.	Schade.
Ce sera pour une autre fois.	Ein anderes Mal.

7 ▶ **Tu veux venir avec nous?** **Willst Du mitkommen?**

Vous voulez venir dîner?	Möchten Sie zum Abendessen kommen?
Merci, c'est gentil.	Das ist sehr nett, danke.
Avec plaisir.	Mit Vergnügen.
Volontiers.	Gerne.
Je regrette beaucoup, mais je ne peux pas.	Es tut mir sehr leid, aber ich kann nicht.

8 ▶ In den Mittelmeerländern – und dazu gehört auch Frankreich – wird man bisweilen aus einem Gefühl des Pflichtbewußtseins und der Gastfreundschaft eingeladen. Wenn Sie nicht genau wissen, ob die Einladung wirklich ehrlich gemeint ist, fragen Sie lieber noch einmal nach, ähnlich wie Stephan es hier tut.

Stephan:
Allô! | Hallo!

Nathalie:
C'est vous, Stephan? | Sind Sie es, Stephan?

Stephan:
Oui. | Ja.

Nathalie:
C'est Nathalie à l'appareil. Vous vous rappelez? Nous nous sommes rencontrés dans l'avion Munich-Paris. | Nathalie am Apparat. Erinnern Sie sich? Wir haben uns im Flugzeug von München nach Paris getroffen.

C'est clair que je me rappelle! pense Stephan qui dit seulement:
Oui, oui. Bonjour! | *Aber sicher erinnere ich mich, denkt Stephan, aber er sagt nur:* Aber ja. Guten Tag.

Nathalie:
Bonjour! Ça va? | Guten Tag. Wie geht's?

Stephan:
Bien, merci. Et vous? | Gut, danke. Und Ihnen?

Nathalie:
Très bien … Mon frère m'a téléphoné: il ne peut pas vous rencontrer ce soir … | Sehr gut … Mein Bruder hat mich angerufen: Er kann sich heute abend nicht mit Ihnen treffen …

Stephan:
Oui, ça ne fait rien, ce sera pour une autre fois. | Ja, das macht nichts, es wird ein anderes Mal klappen.

Nathalie:
Je vais avec des amis dans une boîte. Vous voulez venir avec nous? | Ich gehe mit Freunden aus. Möchten Sie mitkommen?

Stephan:
C'est gentil, mais, je ne voudrais pas déranger. | Das ist sehr nett von Ihnen, aber ich möchte nicht stören.

Vous avez de quoi écrire? **Haben Sie etwas zum Schreiben?**

Je peux avoir votre stylo? Kann ich Ihren Kugelschreiber haben?

Vous avez un morceau de papier? Haben Sie ein Stück Papier?

 On se retrouve où? **Wo treffen wir uns?**
On se voit où? Wo sehen wir uns?
On se rencontre où? Wo treffen wir uns?

devant le cinéma vor dem Kino
devant l'entrée vor dem Eingang
à la caisse an der Kasse
dans le foyer im Foyer
chez moi bei mir
chez toi bei Dir
chez vous bei Ihnen

Je vous attends au bar. Ich warte an der Bar auf Sie.
Je t'attends . . . Ich warte . . .
   à la gare.   am Bahnhof
   à l'accueil.   am Empfang
   à l'aéroport.   am Flughafen
   au point rencontre.   am Treffpunkt
         auf dich.

Je passe vous prendre. Ich hole Sie ab.
Je viens vous chercher. Ich hole Sie ab.
     te   dich

 dedans ≠ dehors **drinnen ≠ draußen**
sur ≠ sous auf/über ≠ unter
en haut ≠ en bas oben ≠ unten
devant ≠ derrière vome ≠ hinten

 A tout à l'heure! **Bis gleich!/Bis nachher!/ Bis später!**

A plus tard! Bis später!
A bientôt! Bis bald!

Nathalie:
Mais pas du tout! Bien au contraire! Alors, c'est d'accord? Vous venez? Bon! ...

Aber gar nicht! Im Gegenteil! Also, einverstanden? Sie kommen? Gut! ...

9 Vous avez de quoi écrire? Ça s'appelle Le Limonaire: L-I-M-O-N-A-I-R-E; 88 ... oui, 88 ... vous comprenez? rue Charenton.

Haben Sie etwas zum Schreiben? Es heißt »Le Limonaire«: L-I-M-O-N-A-I-R-E, 88 ... ja, 88 ... verstehen Sie? Rue Charenton.

Stephan:
Et à quelle heure vous y êtes?

Und um wieviel Uhr sind Sie dort?

Nathalie:
Vers 8 heures.

Gegen 8 Uhr.

Stephan:
10 Et on se retrouve où?

Und wo treffen wir uns?

Nathalie:
11 Dedans.

Drinnen.

Stephan:
12 D'accord. A tout à l'heure.

Okay. Bis später.

Stephan raccroche. Il est tellement content qu'il pourrait embrasser la réceptionniste! Il se dirige vers l'ascenseur. Tiens! Il ne marche pas! Pas de problème! Stephan monte quatre à quatre les escaliers et court dans sa chambre.

Stephan legt auf. Er ist so froh, daß er die Empfangsdame küssen könnte! Er geht zum Lift. Nanu! Er funktioniert nicht! Kein Problem! Stephan läuft die Treppe hinauf, immer zwei Stufen auf einmal nehmend, und stürzt in sein Zimmer.

Vite, il se déshabille et jette ses vêtements sur le lit. Sous la douche on l'entend chanter une chanson de sa composition sur l'air du Docteur Jivago:

Schnell zieht er sich aus und wirft seine Kleidung auf das Bett. Unter der Dusche hört man ihn ein selbstgedichtetes Lied auf die Melodie von Dr. Schiwago singen:

Stephan:
Elle est jolie,
Elle s'appelle Nathalie,
Elle est jolie,
Elle habite à Paris.

Sie ist hübsch,
sie heißt Nathalie.
Sie ist hübsch,
sie wohnt in Paris.

Qu'est-ce que vous faites?   **Was machen Sie?**

Je suis ingénieur.	Ich bin Ingenieur.
secrétaire.	Sekretärin.
guide.	Reiseleiter(in).
Je travaille …	Ich arbeite …
dans une banque.	in einer Bank.
dans un bureau.	in einem Büro.
dans une entreprise.	in einem Unternehmen.
pour une grande société.	für eine große Firma.

Vous travaillez de quelle heure à quelle heure?	Von wann bis wann arbeiten Sie?

Je commence à 8 h, et je finis à 18 h.	Ich fange um 8 Uhr an, und ich mache um 18 Uhr Schluß.
Je travaille de 8 h à 13 h.	Ich arbeite von 8 h bis 13 h.

Vous faites une pause?	Machen Sie eine Pause?

Oui, de 2 heures.	Ja, 2 Stunden.
A midi, je mange à la cantine/au restaurant.	Mittags esse ich in der Kantine/im Restaurant.

Vous allez au travail comment?	Wie kommen Sie zur Arbeit?

En voiture.	Mit dem Auto.

 Pourquoi?   **Warum?**

Parce que …	Weil …

Pourquoi vous apprenez le français?	Warum lernen Sie Französisch?
Parce que …	Weil …
ça me fait plaisir.	es mir Spaß macht.
j'aime la France.	ich Frankreich mag.
je veux aller en vacances en France.	ich Urlaub in Frankreich machen will.
j'aime la mélodie de la langue.	ich die Sprachmelodie mag.
j'ai des amis français.	ich französische Freunde habe.

Plus tard Stephan est assis avec Nathalie et ses amis au Limonaire. Entre-temps ils sont passés au »tu«. En ce moment, Nathalie parle de son travail.

Später sitzt Stephan mit Nathalie und ihren Freunden im »Limonaire«. Inzwischen sind sie zum Du übergegangen. Nathalie erzählt gerade von ihrer Arbeit.

Stephan:
13 Qu'est-ce que tu fais exactement?

Was machst du genau?

Nathalie:
Je prépare les mannequins avant les photos.

Ich bereite die Models für die Fotos vor.

Stephan:
C'est intéressant?

Ist das interessant?

Nathalie:
Très!

Sehr!

Stephan:
14 Pourquoi?

Warum?

Nathalie:
Parce que je voyage beaucoup, parce que je suis en contact avec des gens ... Et puis je rencontre des personnes intéressantes.

Weil ich viel reise, weil ich mit Menschen zu tun habe ... Und außerdem treffe ich interessante Leute.

Il y a des avantages et des inconvénients.

Es gibt Vorteile und Nachteile.

C'est bien payé.	Es ist gut bezahlt.
C'est intéressant.	Es ist interessant.
Les collègues sont sympathiques.	Die Kollegen sind nett.

C'est mal payé.	Es ist schlecht bezahlt.
C'est fatigant.	Es ist anstrengend.
C'est monotone.	Es ist eintönig.
J'ai trop de travail ...	Ich habe zuviel Arbeit ...

 un chanteur/une chanteuse

Sänger(in)

un comédien/une comédienne	Schauspieler(in)
un musicien/une musicienne	Musiker(in)
un écrivain	Schriftsteller(in)
un peintre	Maler(in)
un sculpteur	Bildhauer(in)
un/une pilote	Pilot(in)
un/une réceptionniste	Empfangschef/Empfangsdame
un chauffeur	Fahrer(in)
un/une photographe	Fotograf(in)
un guide	Reiseleiter(in)
un architecte	Architekt(in)
un garçon de café	Kellner/Ober
une serveuse	Bedienung
une hôtesse	Stewardeß
un steward	Steward
un docteur	Arzt/Ärztin
un dentiste	Zahnarzt(ärztin)
un infirmier	Krankenpfleger
une infirmière	Krankenschwester
un agent de police	Polizist(in)
un/une employé(e)	Angestellte(r)
un maître-nageur	Bademeister
un caissier/une caissière	Kassierer(in)
une femme de chambre	Zimmermädchen
un contrôleur	Kontrolleur(in)

Je suis peintre.	Ich bin Maler.
Je suis femme au foyer.	Ich bin Hausfrau.

15 Mais il y a aussi des inconvénients.

Stephan:
Quoi par exemple?

Nathalie:
Je n'ai pas d'heures. Quelquefois je commence à 6 h, quelquefois à 3 h et je ne sais jamais quand je finis … Parfois c'est stressant. Tout le monde est sur les nerfs.
Et toi? Qu'est-ce que tu fais?

Stephan:
Je suis ingénieur en informatique.

Nathalie fait la grimace:
Tu travailles sur les ordinateurs?

Stephan rit:
Oui. Tu n'aimes pas ça? …

Entre-temps le bistrot a interrompu le service pour faire place à un spectacle de jeunes talents:
16 chanteurs,
comédiens,
musiciens,
poètes …

Quelle belle soirée pour Stephan!

Aber es gibt auch Nachteile.

Was zum Beispiel?

Ich habe keine festen Zeiten. Einmal fange ich um 6 Uhr, einmal um 3 Uhr an, und ich weiß nie, wann ich fertig bin … Manchmal ist es stressig. Alle sind total genervt. Und du, was machst du?

Ich bin Informatiker.

Nathalie zieht eine Grimasse: Arbeitest du mit Computern?

Stephan lacht: Ja. Magst du das nicht? …

In der Zwischenzeit wird im Lokal nicht mehr bedient, um eine Vorstellung mit jungen Künstlern nicht zu stören: Sänger,
Schauspieler,
Musiker,
Dichter …

Was für ein schöner Abend für Stephan!

Hier, j'ai passé la journée avec mes amis.

Gestern habe ich den Tag mit meinen Freunden verbracht.

Nous avons marché.
Wir sind gelaufen.
Nous avons fait beaucoup de choses et visité les sites touristiques.
Wir haben vieles gemacht und die Sehenswürdigkeiten besichtigt.
J'ai beaucoup vu.
Ich habe viel gesehen.
Le soir, nous avons mangé au restaurant.
Am Abend haben wir im Restaurant gegessen.

Excusez-moi d'être en retard.

Entschuldigen Sie, daß ich zu spät bin.

Ça ne fait rien.
Das macht nichts.
Ce n'est pas grave.
Das ist nicht schlimm.

1 Hier, jeudi, Stephan et Nathalie ont passé la journée ensemble. Ils ont beaucoup marché, beaucoup fait, beaucoup vu. Le soir, ils ont mangé »Au Pied de Cochon«, une brasserie bien connue dans le quartier des Halles.

2 Ce matin, ils se sont rencontrés devant le Musée d'Orsay. Nathalie est arrivée en retard ... mais ravissante, adorable dans un tailleur bleu comme ses yeux.

Stephan a beaucoup aimé les peintures au Musée d'Orsay.

Gestern, Donnerstag, haben Stephan und Nathalie den Tag zusammen verbracht. Sie sind viel gelaufen, haben viel gemacht und viel gesehen. Am Abend haben sie im »Pied de Cochon« gegessen, einer berühmten Brasserie im Viertel »Les Halles«.

Heute morgen haben sie sich vor dem Musée d'Orsay getroffen. Nathalie ist zu spät gekommen ... aber entzückend, zum Verlieben in einem Kostüm, so blau wie ihre Augen.

Stephan hat die Bilder im Musée d'Orsay sehr gemocht.

3 »Les Galeries Lafayette« (Boulevard Haussmann) und »Le Printemps« (Boulevard Haussmann, Métro Nation) sind die größten Kaufhäuser von Paris. Sie sind berühmt für die Qualität ihrer Waren.

4

une dame brune	eine dunkelhaarige Dame
blonde	blonde
sportive	sportliche
élégante	elegante
charmante	charmante
un homme brun	ein dunkelhaariger Mann
blond	blonder
sportif	sportlicher
élégant	eleganter
charmant	charmanter

une personne sympathique	eine sympathische Person
une femme dynamique	eine dynamische Frau
un homme optimiste	ein optimistischer Mann

idéaliste	idealistisch
sensible	sensibel
romantique	romantisch
spontané(e)	spontan
sentimental(e)	sentimental
convivial(e)	kontaktfreudig

5

je préfère ...	ich mag ... lieber
ce parfum	dieses Parfüm
le poisson	Fisch
aller au cinéma	ins Kino gehen
marcher à pied	laufen
j'adore ...	ich mag ... sehr
j'aime beaucoup ...	ich mag ... sehr
j'aime ...	ich mag ...
je n'aime pas tellement ...	ich mag ... nicht so sehr
je n'aime pas ...	ich mag ... nicht
je n'aime pas du tout ...	ich mag ... überhaupt nicht
je déteste ...	ich hasse ...

Maintenant ils sont dans le Jardin des Tuileries et ils vont vers la Place Vendôme. C'est le Paris des beaux magasins, de la mode, des couturiers.
Ils regardent les vitrines et s'arrêtent devant chez Cartier, chez Dior, chez Yves St. Laurent, chez Guerlain ...

Jetzt sind sie in den Tuilerien und gehen Richtung Place Vendôme. Es ist das Paris der schönen Geschäfte, der Mode, der Modeschöpfer.
Sie betrachten die Schaufenster und bleiben vor Cartier, Dior, Yves St. Laurent, Guerlain stehen ...

Stephan:
Au fait! Je voudrais rapporter du parfum à ma mère ... Où est-ce que je peux aller?

Übrigens! Ich möchte meiner Mutter ein Parfüm mitbringen ... Wo kann ich da hingehen?

Nathalie:
On est tout près des Grands Magasins. Si tu veux, on peut y aller. Je voudrais acheter un chemisier.

Wir sind ganz in der Nähe der Kaufhäuser. Wenn du willst, können wir hingehen. Ich möchte eine Bluse kaufen.

Ils continuent à pied jusqu'au boulevard Haussmann et entrent dans les Galeries Lafayette. C'est immense! Ils cherchent le rayon parfumerie.

Sie gehen zu Fuß weiter bis zum Boulevard Haussmann und gehen in die »Galeries Lafayette« hinein. Sie sind riesig! Sie suchen die Parfümerieabteilung.

La vendeuse:
Je peux vous aider?

Kann ich Ihnen helfen?

Stephan:
Oui. Je voudrais un parfum ou une eau de toilette.

Ja. Ich möchte ein Parfüm oder ein Eau de Toilette.

La vendeuse:
C'est pour vous?

Ist es für Sie?

Stephan:
Non, pour une dame.

Nein, für eine Dame.

La vendeuse:
Elle est comment?
Brune? blonde? élégante? sportive?

Wie sieht sie aus?
Dunkelhaarig? Blond? Elegant? Sportlich?

Stephan:
Brune, plutôt sportive. Elle préfère les parfums frais.

Dunkelhaarig, eher sportlich. Sie zieht frische Düfte vor.

6 ce pantalon	diese Hose
celui-ci!	diese hier!
celui-là!	die da!
cette robe?	dieses Kleid?
celle-ci?	dieses hier?
celle-là?	dieses da?
ces bas?	diese Strumpfhose?
non, pas ceux-ci,	nein, nicht diese hier,
ceux-là.	diese da.
ces chaussures	diese Schuhe
celles-ci?	diese hier?
celles-là!	diese da!

De quel fromage vous voulez, de celui-ci ou de celui-là?	Welchen Käse möchten Sie, diesen hier oder den da?
De celui-là, à droite!	Den da, rechts.

Quelle écharpe vous préfé-rez, celle-ci ou celle-là?	Welchen Schal mögen Sie lieber? Diesen hier oder den da?
La bleue.	Den blauen.

7 **Je cherche ...**   **Ich suche ...**

les vêtements dames.	die Damenabteilung.
les vêtements hommes.	die Herrenabteilung.
le rayon enfants.	die Kinderabteilung.
la parfumerie.	die Parfümerieabteilung.

8 **Cette robe est bien.**   **Dieses Kleid ist schön.**

Je peux l'essayer?	Kann ich es anprobieren?
Ces chaussures me plaisent.	Diese Schuhe gefallen mir.
Je peux les essayer?	Kann ich sie anprobieren?

9 **Vous en avez combien?**   **Wie viele haben Sie?**

Vous en prenez combien?	Wie viele nehmen Sie?

Trois.	Drei.
J'en prends trois.	Ich nehme drei.

La vendeuse:
6 Alors, tenez, essayez celui-ci! | Also da hätte ich dieses hier. Probieren Sie es.

Donnez-moi votre bras. | Geben Sie mir Ihren Arm.
Comment vous le trouvez? | Wie finden Sie es?

Stephan:
Il n'est pas mal. Comment tu le trouves, Nathalie? | Es ist nicht schlecht. Wie findest du es, Nathalie?

Nathalie:
Très bien. | Sehr gut.

Stephan:
Je le prends. | Ich nehme es.

La vendeuse:
Vous prenez la petite bouteille ou la grande? | Nehmen Sie die große Flasche oder die kleine?

Stephan:
La grande, s'il vous plaît. | Die große, bitte.

La vendeuse:
Je vous fais un paquet cadeau? | Soll ich es als Geschenk verpacken?

Stephan:
Oui. S'il vous plaît. | Ja, bitte.

Nathalie cherche ensuite le rayon dames: | *Nathalie sucht dann die Damenabteilung.*
7 Les vêtements dames, s'il vous plaît? | Die Damenabteilung, bitte?

Une vendeuse:
Au 2e étage. | Im zweiten Stock.

Nathalie choisit plusieurs chemisiers et demande à une vendeuse: | *Nathalie sucht mehrere Blusen aus und fragt die Verkäuferin:*
8 Je peux les essayer? | Kann ich sie anprobieren?

La vendeuse:
Oui. Vous avez une cabine là, à droite. | Ja. Sie finden dort rechts eine Kabine.
9 Vous en avez combien? | Wie viele haben Sie?

Nathalie:
J'en ai cinq. | Ich habe fünf.

Comment tu trouves ...   **Wie findest Du ...**

cette robe?	dieses Kleid?
cette veste?	diese Jacke?
cette jupe?	diesen Rock?
cette ceinture?	diesen Gürtel?
ce manteau?	diesen Mantel?
ce foulard?	diesen Schal?
ce sac?	diese Tasche?

Comment tu trouves cette   Wie findest du dieses
chemise?   Hemd?

Elle est bien.	Es ist hübsch.
Elle n'est pas mal.	Es ist nicht schlecht.
Je n'aime pas la coupe.	Ich mag den Schnitt nicht.
Elle est trop serrée.	Es ist zu eng.
La couleur ne me plaît pas.	Die Farbe gefällt mir nicht.
Elle te va bien.	Es steht dir gut.
vous	Ihnen

 Ça vous va?   **Paßt es Ihnen?**

Très bien.	Sehr gut.
Non, ça ne me va pas.	Nein, es paßt mir nicht.
C'est trop petit.	Es ist zu klein.
grand.	groß.

 Quelle est votre taille?   **Welche Größe haben Sie?**

Je fais du 40.   Ich habe 38.

Größe heißt »taille« auf französisch. Die französische Größe 38
entspricht der deutschen Größe 36.
Achtung: Bei Schuhen heißt die Größe »pointure«.

La vendeuse:
Alors, prenez ce carton.

Dann nehmen Sie dieses Kärtchen.

Nathalie à Stephan:
Tu viens avec moi?

Nathalie zu Stephan:
Kommst du mit?

Nathalie essaie un chemisier.

Nathalie probiert eine Bluse an.

10 Comment tu le trouves?

Wie findest du sie?

Stephan:
Pas mal.

Nicht schlecht.

Elle en essaie un deuxième, puis un troisième.
Je n'aime pas la coupe.

Sie probiert eine zweite und dann eine dritte an.
Ich mag den Schnitt nicht.

Et puis un quatrième.
11 Non, la couleur ne me va pas.

Und dann eine vierte.
Nein, die Farbe steht mir nicht.

C'est une torture pour Stephan. Il la trouve ravissante, adorable dans tous les chemisiers! Nathalie essaie enfin le cinquième.
Ce bleu me va très bien.
C'est dommage, il est un peu serré ici …

Für Stephan ist es eine richtige Tortur. Er findet sie in allen Blusen entzückend, zum Verlieben! Nathalie probiert schließlich die fünfte.
Dieses Blau steht mir sehr gut. Es ist schade, sie ist hier ein bißchen eng …

à la vendeuse:
Vous ne l'avez pas en plus grand?

zur Verkäuferin:
Haben Sie sie nicht größer?

La vendeuse:
12 Quelle taille c'est?

Was ist das für eine Größe?

Nathalie:
Du 38.

36.

La vendeuse:
Attendez! Peut-être que j'ai un 40 … voilà.

Warten Sie. Vielleicht habe ich Größe 38 … Hier, bitte!

Nathalie l'essaie:
Stephan, il te plaît?

Nathalie probiert sie an.
Stephan, gefällt sie dir?

Ça me plaît.   **Das gefällt mir.**

Ça te plaît.   Das gefällt dir.

Ça vous plaît.   Das gefällt Ihnen.

Tu me plais.   Du gefällst mir.

 On prend un verre?   **Trinken wir was?**

On prend un café?   Trinken wir einen Kaffee?

On prend une glace?   Essen wir ein Eis?

Les yeux de Nathalie sont encore plus bleus dans ce chemisier bleu.
Il balbutie:
13 Il me plaît beaucoup.
Mais il voudrait dire:
Tu me plais beaucoup!

Nathalie à la vendeuse:
Il coûte combien?

La vendeuse:
Lequel? Le bleu?
Il fait 399 F.

Nathalie:
Je le prends.

La vendeuse donne le sachet à Stephan et demande:
Monsieur paie avec la carte de crédit?

Stephan devient tout rouge. Nathalie rit.

Ils quittent le magasin et flânent encore un peu dans les rues.

Ils regardent …
ils écoutent …
Stephan marche à coté de Nathalie …
Paris au mois de mai, c'est formidable!

Nathalie:
Je suis un peu fatiguée et j'ai faim. Pas toi?

Stephan:
14 Si, moi aussi! On prend quelque chose?

Nathalies Augen sind in der blauen Bluse noch blauer.

Er stammelt:
Sie gefällt mir sehr.
Aber er möchte sagen:
Du gefällst mir sehr!

Nathalie zu der Verkäuferin:
Wieviel kostet sie?

Welche? Die blaue?
Sie kostet 399 FF.

Ich nehme sie.

Die Verkäuferin gibt Stephan die Tüte und fragt:
Zahlt der Herr mit Kreditkarte?

Stephan wird ganz rot. Nathalie lacht.

Sie verlassen das Kaufhaus und bummeln noch ein wenig durch die Straßen.

Sie schauen …
Sie hören …
Stephan geht neben Nathalie her …
Paris im Mai ist einfach wunderbar!

Ich bin ein bißchen müde, und ich habe Hunger. Du nicht?

Doch, ich auch! Essen und trinken wir was?

Ein französisches »Café« hat nicht viel mit dem deutschen Café, in dem man Kaffee trinkt und Kuchen ißt, gemeinsam. Dem deutschen Café entspricht in Frankreich der »salon de thé«.

In einem französischen »Café« hingegen kann man alle möglichen Getränke bestellen, aber nur Kleinigkeiten essen, z. B. Sandwiches (belegte Baguette) und warmen Toast. Neben dem »croque-monsieur« gibt es auch den »croque-madame« (Toastbrot mit Käse und Tomaten).
Wenn Sie ein Bier bestellen, bekommen Sie ein Bier aus der Flasche (0,33 cl): »une blonde« (Helles) ou »une brune« (Dunkles). Ein Bier vom Faß heißt »une pression«; »une demi« ist ein kleines Glas Bier.
Viele Berufstätige frühstücken im Café mit »un petit noir« (einem Espresso) oder »un petit crème«, »un grand crème« (kleiner oder großer Milchkaffee) und Croissants.
Am Mittag oder gegen 7 Uhr abends trifft man sich gerne im Café zum »apéritif«.
Den Kellner rufen Sie einfach mit »Monsieur«, die Kellnerin mit »Madame« oder »Mademoiselle«.

Il fait beau.	**Das Wetter ist schön.**
mauvais.	schlecht.
Il fait chaud.	Es ist warm.
froid.	kalt.
Il pleut.	Es regnet.
Il neige.	Es schneit.

Qu'est-ce qu'il fait beau aujourd'hui!	Was für ein tolles Wetter heute!

On est bien ici!	**Man fühlt sich hier wohl.**
Je suis bien.	Ich fühle mich wohl.
Je me sens bien.	Ich fühle mich wohl.

15 *Ils s'installent à la terrasse d'un café à côté du Centre Beaubourg, en face de la fontaine dessinée par Tinguely et Niki de St. Phalle.*

Sie setzen sich draußen vor ein Café neben dem Centre Pompidou, gegenüber von dem Brunnen, der von Tinguely und Niki de Saint Phalle entworfen wurde.

Nathalie appelle le garçon:
Monsieur, s'il vous plaît?

Nathalie ruft den Kellner:
Herr Ober, bitte!

Le garçon:
Vous désirez?

Was wünschen Sie?

Stephan:
Une pression.

Ein Bier vom Faß.

Nathalie:
Moi, je prends un panaché.
Qu'est-ce que vous avez à manger?

Und ich nehme ein Radler.
Was haben Sie zu essen?

Le garçon:
Des sandwichs:
pâté,
jambon,
fromage
et des croque-monsieur.

Sandwiches mit
Pastete,
Schinken oder
Käse
und »Croque-monsieur«.

Stephan:
Qu'est-ce que c'est que ça?

Was ist das?

Nathalie:
Du pain de mie avec du jambon et du fromage. C'est chaud. Tu en veux un?

Toastbrot mit Schinken und Käse. Es ist warm. Möchtest du eins?

Ils mangent et boivent et regardent la fontaine.

Sie essen und trinken und betrachten den Brunnen.

Nathalie:
16 Qu'est-ce qu'il fait beau!
Qu'est-ce qu'on est bien!
17 Dis-donc, quelle heure il est?

Was für ein tolles Wetter!
Was geht es uns gut!
Sag mal, wieviel Uhr ist es?

Stephan:
6 heures et demie.

Halb sieben.

faire les courses . . . **. . . einkaufen**

    à la boucherie   beim Metzger
    au marché   auf dem Markt
    au supermarché   im Supermarkt
    à l'épicerie   im Lebensmittelgeschäft
        (oder Tante-Emma-Laden)

 Wenn es möglich ist, kaufen die Franzosen Lebensmittel wie Gemüse, Obst, Eier und Geflügel »au marché«, auf dem Markt. In vielen Städten gibt es einen »marché couvert« (»les halles«, also eine Markthalle). Selbst am Sonntag finden Märkte statt.

Auch viele Lebensmittelgeschäfte und manche Supermärkte sind sonntags geöffnet; generell haben sie länger auf als in Deutschland, sind dafür aber meist montags geschlossen.

 la fraise **Erdbeere**

    la pomme   Apfel
    la poire   Birne
    la pêche   Pfirsich
    la prune   Pflaume
    la framboise   Himbeere
    la groseille   rote Johannisbeere
    la pistache   Pistazie
    le raisin   Traube
    la cerise   Kirsche
    l'abricot   Aprikose
    le cassis   schwarze Johannisbeere
    la noix   Nuß
    la noisette   Haselnuß
    les fruits   Obst/Früchte

 une barquette **ein Schälchen**

    une botte   ein Bund
    un demi kilo   ein halbes Kilo
    500 grammes   500 Gramm
    un kilo   ein Kilo
    deux tranches   zwei Scheiben

Nathalie:
Si tard! J'ai promis à mon
frère de faire les courses pour
ce soir.

So spät! Ich habe meinem
Bruder versprochen, für
heute abend einzukaufen.

Tu viens avec moi? On va
aller au marché de la rue
Mouffetard. Tu vas voir:
C'est très joli. On va prendre
le métro.

Kommst du mit? Wir gehen
zum Markt in der Rue
Mouffetard. Du wirst sehen,
es ist sehr schön. Wir fahren
mit der U-Bahn.

Stephan appelle le garçon:
Je vous dois combien?

Stephan ruft den Kellner:
Wieviel macht das?

Le garçon:
Alors, un panaché, une pression et deux croque-mon-
sieur ... Ça fait 72 F, Monsieur.

Also, ein Radler, ein Bier
vom Faß und zwei »Croque-
monsieur« ... Das macht
72 FF.

*Il paie et laisse un pourboire
sur la table.*

*Er zahlt und läßt ein Trink-
geld auf dem Tisch.*

*Un peu plus tard ... Ils mar-
chent dans un marché coloré
et plein de vie. Les étals sont
chargés
de fruits,
de légumes,
d'épices.
Les marchands crient pour
vendre leur marchandise. Ça
sent bon. Nathalie s'approche
d'un marchand tout rouge
avec un béret sur la tête.*

*Ein bißchen später ... Sie
gehen über einen bunten
Markt voller Leben. Die
Stände sind beladen mit
Früchten,
Gemüse,
Gewürzen.
Die Verkäufer schreien, um
ihre Waren zu verkaufen. Es
riecht gut. Nathalie geht zu
einem Verkäufer mit rotem
Gesicht und einer Basken-
mütze auf dem Kopf.*

De belles fraises d'Aquitaine,
ma petite Dame, 16 F les
deux barquettes!

Schöne Erdbeeren aus Aquitanien, junge Dame, 16 FF
für zwei Schalen!

Nathalie:
Elles sont bonnes?

Schmecken sie?

Le marchand:
Et comment! Tenez! Goûtez!

Und wie! Hier, probieren Sie!

la courgette   **Zucchini**
la tomate   Tomate
la carotte   Karotte
la pomme de terre   Kartoffel
le poireau   Porree
l'aubergine   Aubergine
l'asperge   Spargel
la salade   Salat
le poivron   Paprika
le haricot vert   grüne Bohne
le chou   Kohl
le chou-fleur   Blumenkohl
le céleri   Sellerie
le petit-pois   Erbse
le broccoli   Brokkoli
le radis   Radieschen
l'oignon   Zwiebel
l'ail   Knoblauch
les légumes   Gemüse

![Marktszene mit Gemüsestand]

Nathalie:
J'en prends deux barquettes.
Et puis je voudrais deux
melons pour ce soir ... Les
courgettes sont fraîches? J'en
voudrais six ... Et puis j'ai
besoin de deux poivrons ...

Ich nehme zwei Schalen.
Und dann möchte ich zwei
Melonen für heute abend ...
Sind die Zucchini frisch? Ich
möchte sechs ... Und außerdem brauche ich zwei Papri-
kaschoten ...

Le marchand:
Voilà! Et avec ça?

Hier bitte! Und außerdem?

Nathalie:
Un kg de tomates et un demi
kg d'haricots verts.

Ein kg Tomaten und ein
Pfund grüne Bohnen.

Le marchand:
Ça fait un peu plus ...

Es ist ein bißchen mehr ...

Nathalie:
Ça ne fait rien.
Il me faut aussi de l'ail et du
persil.

Das macht nichts.
Ich brauche auch noch
Knoblauch und Petersilie.

Le marchand:
Je vous en mets comme ça?
(Il montre le persil.)

Soll ich Ihnen soviel reintun?
(Er zeigt die Petersilie.)

Nathalie:
Un peu moins. Comme ça.
Ça va, c'est tout. Ça fait
combien?

Ein bißchen weniger. So.
Das ist alles. Wieviel macht
das?

*Le marchand fait ses calculs et
donne les sachets à Nathalie.*

*Der Verkäufer rechnet zusam-
men und gibt Nathalie die
Tüten.*

*Elle ne peut pas les prendre
parce qu'elle est en train de
chercher son argent.*

*Sie kann sie nicht annehmen,
weil sie gerade ihr Geld sucht.*

Le marchand:
Tenez! Je les donne à votre
mari.

Hier! Ich gebe sie Ihrem
Mann!

*Cette fois, c'est Nathalie qui
rougit!*
Elle regarde Stephan.
*Il fait une mimique qui veut
dire: »Pas mauvaise idée!«*

Dieses Mal wird Nathalie rot!

Sie schaut Stephan an.
*Er macht ein Gesicht, als wolle
er sagen: »Keine schlechte Idee.«*

23 In der »charcuterie« findet man Schweinefleisch und Wurst-
waren:

du pâté	Pastete
des rillettes	»Rillettes«, *(feingehacktes, gekochtes und in Fett kon-serviertes Schweinefleisch)*
du saucisson	Salami
des saucisses	Brüh- und Bratwurst
du jambon cuit	gekochter Schinken
du jambon cru	roher Schinken

24 In der »boulangerie« werden nur Brot, »croissant«, »pains au
chocolat« (Schokoladenbrötchen) und »chaussons aux pommes« (Apfeltaschen) verkauft. »Gâteaux« (Kuchen) bekommen
Sie in der »pâtisserie«.
Keinesfalls sollten Sie »boulangerie« mit »boucherie« ver-
wechseln: In der »boucherie« wird nur rohes Fleisch verkauft:
»du veau« (Kalb), »du bœuf« (Rind), »du porc« (Schwein).
Häufig finden Sie die Kombination von »boucherie-charcute-
rie« oder »boulangerie-pâtisserie«.

23 *Ils passent devant une charcuterie.*

Sie gehen an einer Fleischerei vorbei.

Nathalie:
Ils font de très bonnes rillettes d'oie ici.

Hier machen sie sehr gute Gänse-Rillettes.

Stephan:
Qu'est-ce que c'est?

Was ist das?

Nathalie:
Tu ne sais pas ce que c'est? Avec un peu de baguette et un verre de Beaujolais c'est super bon! Viens! On va en acheter!

Du weißt nicht, was das ist? Mit ein wenig Baguette und einem Glas Beaujolais schmeckt es super! Komm! Wir kaufen welche!

Ils entrent dans la charcuterie.

Sie betreten die Fleischerei.

Nathalie:
Je voudrais 150 g de rillettes, s'il vous plaît.

Ich möchte bitte 150 g »Rillettes«.

Le charcutier:
Voilà!
Et avec ca?

Bitte schön.
Und sonst noch?

Nathalie:
C'est tout.
Ça fait combien?

Das ist alles.
Was macht das?

24 *Après, Nathalie et Stephan vont encore à la boulangerie pour acheter une baguette. Ça sent bon le pain frais.*

Dann gehen Nathalie und Stephan noch in die Bäckerei, um ein Baguette zu kaufen. Es duftet lecker nach frischem Brot.

... Maintenant ils vont main dans la main ...

... Jetzt gehen sie Hand in Hand ...

Si vous allez au marché de la rue Mouffetard, vous les reconnaîtrez certainement: Elle, elle a de grands yeux bleus ... bleus! et lui, il sourit aux anges.

Wenn Sie zum Markt in der Rue Mouffetard gehen, werden Sie sie bestimmt erkennen: Sie hat große blaue Augen ... ganz blau! Und er lächelt vor sich hin.

Grammatische Fachausdrücke

Adjektiv	Eigenschaftswort
Artikel	Geschlechtswort
femininum	weiblich
Genus	Geschlecht
Imperfekt	1. Vergangenheit
Infinitiv	Grundform
Intonation	Satzmelodie
Inversion	Umkehrung der Satzstellung
konjugieren	ein Zeitwort beugen
Konsonant	Mitlaut
maskulinum	männlich
neutrum	sächlich
Numerus	Zahl
Objektpronomen	Fürwort für die Satzergänzung
Partizip Perfekt	Mittelwort der Vergangenheit
Perfekt	2. Vergangenheit
Personalpronomen	persönliches Fürwort
Plural	Mehrzahl
Possessivbegleiter	besitzanzeigendes Wort
Präposition	Verhältniswort
Pronomen	Fürwort
reflexives Verb	rückbezügliches Zeitwort
Singular	Einzahl
Substantiv	Hauptwort
Superlativ	höchste Steigerungsstufe
Verb	Tätigkeitswort
Vokal	Selbstlaut

1 Bestimmter und unbestimmter Artikel

	Singular	Plural
maskulinum	le der	les die
femininum	la die	les die
vor stummem **h** oder Vokal	l' der/die	les die

le Monsieur	der Herr
la dame	die Dame
l'homme	der Mann
l'eau minérale	das Mineralwasser

Beachte: Es gibt im Französischen kein Neutrum.

	Singular	Plural
maskulinum	un ein	des
femininum	une eine	des

un Monsieur	ein Herr
une dame	eine Dame
un homme	ein Mann
des tomates	Tomaten
des_hôtels	Hotels

Um unbestimmte Mengen anzugeben, verwenden die Franzosen den sogenannten *Teilungsartikel*.

	nicht zählbare Dinge	zählbare Dinge
maskulinum	du	des
femininum	de la	des
vor stummem **h** oder Vokal	de l'	des

du café, du pain et de la confiture	Kaffee, Brot und Marmelade
Je voudrais des oranges.	Ich möchte Orangen.
J'ai des amis à Paris.	Ich habe Freunde in Paris.

2   Substantiv

Den Plural eines Substantivs bilden Sie in den meisten Fällen ganz einfach, indem Sie ein **-s** an die Singular-Form anhängen. Das **-s** wird nicht mit ausgesprochen:

le restaurant	das Restaurant
les restaurants	die Restaurants
la baguette	das Baguette
les baguettes	die Baguettes
l'avion	das Flugzeug
les avions	die Flugzeuge

3   Possessivbegleiter

Singular				Plural	
maskulinum		femininum		maskulinum und femininum	
mon	mein	ma	meine	mes	meine
ton	dein	ta	deine	tes	deine
son	sein/ihr	sa	seine/ihre	ses	seine/ihre
notre	unser	notre	unsere	nos	unsere
votre	euer/Ihr	votre	eure/Ihre	vos	eure/Ihre
leur	ihr	leur	ihre	leurs	ihre

Die Possessivbegleiter richten sich nach dem Genus und dem Numerus des Substantivs, auf das sie sich beziehen:

Stephan prend **sa** valise.	Stephan nimmt **seinen** Koffer.
Nathalie prend **sa** valise.	Nathalie nimmt **ihren** Koffer.

Vor *Vokal* oder stummem **h** werden **ma, ta, sa** zu **mon, ton, son**:

mon ami	**mein** Freund
mon amie	**meine** Freundin

4   Adjektiv

Um von der männlichen Form des Adjektivs die weibliche zu bilden, hängen Sie in den meisten Fällen einfach ein **-e** an. Das bewirkt, daß der letzte Konsonant ausgesprochen wird:

un petit garcon [ē pöti garsō]	ein kleiner Junge
une petite fille [ün pötit fij]	ein kleines Mädchen

Den Plural bilden Sie, wie bei den Substantiven, meist durch Anhängen von **-s** an den Singular:

des petits garçons	kleine Jungen
des petites filles	kleine Mädchen

Die Adjektive stehen meistens *nach* dem Substantiv:

une ville formidable	eine tolle Stadt
des yeux bleus	blaue Augen

Beachte: Folgende Adjektive stehen *vor* dem Substantiv:

jeune	jung
vieux, vieille	alt
grand, grande	groß
petit, petite	klein
joli, jolie	hübsch
bon, bonne	gut
beau, belle	schön
un petit village	ein kleines Dorf

Die Steigerung

Wenn etwas *mehr* von einer Eigenschaft hat, drücken Sie das mit *plus + Adjektiv + que* aus.

Paris est plus grand que Munich.	Paris ist größer als München.

Wenn etwas *weniger* von einer Eigenschaft hat, drücken Sie das mit *moins + Adjektiv + que* aus.

Cet hôtel est moins cher que l'autre.	Dieses Hotel ist billiger (= weniger teuer) als das andere.

Um den *Superlativ* zu bilden, setzen Sie einfach den bestimmten Artikel vor die entsprechende Konstruktion:

le/la/les + plus + Adjektiv

C'est le moyen de transport le plus rapide.	Es ist das schnellste Verkehrsmittel.
C'est la ville la plus intéressante.	Es ist die interessanteste Stadt.

le/la/les + moins + Adjektiv

C'est le moins cher.	Es ist das billigste. (= das am wenigsten teure)
C'est la ville la moins intéressante.	Es ist die langweiligste Stadt. (= die am wenigsten interessante)

5   Pronomen

Die *Personalpronomen für das Subjekt* lauten:

je/j'	ich
tu	du
il/elle	er/sie
nous	wir
vous	ihr/Sie
ils/elles	sie

Beachte: **je** wird vor stummem **h** oder Vokal zu **j'**.

Beachte: Das unpersönliche Pronomen **on** wird im Französischen viel häufiger verwendet als das deutsche »man«. Oft wird es anstelle von **nous** verwendet:

On peut se revoir?	Können wir uns wiedersehen?
(= Nous pouvons nous	(*wörtl.* Kann man sich
revoir?)	wiedersehen?)

Die *direkten* und *indirekten Personalpronomen* lauten

direktes		indirektes	
	me mich/mir		
	te dich/dir		
le	ihn	lui	ihm
la	sie	lui	ihr
	nous uns/uns		
	vous Sie/euch/Ihnen/euch		
les	sie	leur	ihnen

Wie Sie sehen, gibt es nur in der dritten Person einen Unterschied zwischen direktem und indirektem Objektpronomen.

Das indirekte Objektpronomen ersetzt die Konstruktion **à**+Substantiv:

Tu écris **à Pierre**?	Schreibst du an Pierre?
Oui, je **lui** écris demain.	Ja, ich schreibe ihm morgen.

Merke:

Vous prenez la chambre?	Nehmen Sie das Zimmer?
Oui, je **la** prends.	Ja, ich nehme es.
Tu **me** donnes ton adresse?	Gibst du mir deine Adresse?
Tu **lui** donnes notre adresse?	Gibst du ihm/ihr unsere Adresse?

Wenn ein Pronomen nach einer Präposition, nach **c'est** oder ganz alleine steht oder wenn es zur Betonung wiederholt werden soll, muß *die betonte Form* verwendet werden. Sie lautet für Subjekt, direktes oder indirektes Objekt gleich:

moi	ich/mich/mir
toi	du/dich/dir
lui	er/ihn/ihm
elle	sie/sie/ihr
nous	wir/uns/uns
vous	ihr/Sie/euch/Sie/euch/Ihnen
eux	sie/sie/ihnen
elles	sie/sie/ihnen

Moi, je m'appelle Nathalie.	Ich heiße Nathalie.
Et toi?	Und du?
Tu parles avec moi?	Sprichst du mit mir?

y und en

Ortsangaben werden durch das Pronomen **y** (dort/dorthin) ersetzt:

Tu vas à Paris?	Fährst/Fliegst du nach Paris?
Oui, j'y vais.	Ja, ich fahre/fliege dorthin.

Indirekte Objekte, die mit **de, du, de la, de l'** oder **des** eingeleitet werden, werden durch **en** ersetzt:

Vous voulez du lait?	Möchten Sie Milch?
Non, je n'en prends pas, merci.	Nein, ich nehme keine, danke.
Vous faites du ski?	Fahren Sie Ski?
Oui, j'en fais souvent.	Ja, ich fahre oft.

Wenn eine Zahl im Satz vorkommt, ist **en** ebenfalls obligatorisch:

Tu as des billets de métro?	Hast du U-Bahn-Karten?
Oui, j'en ai encore deux.	Ja, ich habe noch zwei.
Vous prenez des pommes?	Nehmen/Kaufen Sie Äpfel?
Oui, j'en prends trois.	Ja, ich nehme drei.

6   *Das Verb und die Zeiten*

6.1. Gegenwart

Die meisten *Verben* enden *auf* **-er** und werden wie folgt konjugiert:

parler sprechen	**habiter** wohnen
je parl**e**	j'habit**e**
tu parl**es**	tu habit**es**
il/elle/on parl**e**	il/elle/on‿habit**e**
nous parl**ons**	nous‿habit**ons**
vous parl**ez**	vous‿habit**ez**
ils/elles parl**ent**	ils/elles‿habit**ent**

Die Endungen **-e, -es, -ent** sind nicht hörbar.

<u>Beachte:</u> Wenn ein Verb mit Vokal oder stummem **h** anfängt, muß eine Bindung zwischen dem Pronomen und diesem Verb gesprochen werden; dabei wird der Endkonsonant des Pronomens ausgesprochen:
nous habitons [nuzabitō]
aber: nous parlons [nu parlō]
Je wird dann zu **j'**.

Eine zweite wichtige Gruppe bilden die *Verben auf* **-ir**:

finir beenden	ebenso:	choisir	wählen
je fini**s**		atterrir	landen
tu fini**s**		grandir	aufwachsen
il/elle/on fini**t**			
nous fini**ssons**			
vous fini**ssez**			
ils/elles fini**ssent**			

partir ab-, wegfahren, -fliegen	ebenso:		
je par**s**		sortir	ausgehen
tu par**s**		dormir	schlafen
il/elle/on par**t**		s'endormir	einschlafen
nous part**ons**		sentir	spüren
vous part**ez**		servir	bedienen
ils/elles part**ent**			

Die *Verben auf -re* werden folgendermaßen konjugiert:

descendre   hinuntergehen, aussteigen

je descend**s**	ebenso:	attendre	warten
tu descend**s**		entendre	hören
il/elle/on descen**d**		vendre	verkaufen
nous descend**ons**		répondre	antworten
vous descend**ez**		dépendre	abhängen
ils/elles descend**ent**			

Beachte: Das **d** vor der Endung wird im Singular nicht mit ausgesprochen: je descends [~~schö~~ desã]

prendre   nehmen

je prend**s**	ebenso:	comprendre	verstehen
tu prend**s**		apprendre	lernen
il/elle/on pren**d**			
nous pren**ons**			
vous pren**ez**			
ils/elles prenn**ent**			

Merke:

Je prends un coca.	Ich nehme eine Cola.
Vous comprenez?	Verstehen Sie?
J'apprends le français.	Ich lerne Französisch.

Die *Verben auf -oir* sind alle unregelmäßig. Hier die wichtigsten:

avoir haben	**pouvoir** dürfen, können
j'ai	je peux
tu as	tu peux
il/elle/on a	il/elle/on peut
nous avons	nous pouvons
vous avez	vous pouvez
ils/elles ont	ils/elles peuvent

vouloir wollen	**devoir** sollen/müssen
je veux	je dois
tu veux	tu dois
il/elle/on veut	il/elle/on doit
nous voulons	nous devons
vous voulez	vous devez
ils/elles veulent	ils/elles doivent

savoir wissen/können	**voir** sehen
je sais	je vois
tu sais	tu vois
il/elle/on sait	il/elle/on voit
nous savons	nous voyons
vous savez	vous voyez
ils/elles savent	ils/elles voient

Wie **voir** konjugiert man auch **croire** (glauben).

Auch diese *unregelmäßigen Verben* sollten Sie sich merken:

être sein	**aller** gehen/fliegen/fahren
je suis	je vais
tu es	tu vas
il/elle/on est	il/elle/on va
nous sommes	nous allons
vous êtes	vous allez
ils/elles sont	ils/elles vont

venir kommen	**connaître** kennen
je viens	je connais
tu viens	tu connais
il/elle/on vient	il/elle/on connaît
nous venons	nous connaissons
vous venez	vous connaissez
ils/elles viennent	ils/elles connaissent

ebenso:	
revenir (zurückkommen)	reconnaître (erkennen)
tenir (halten)	

Verben, die sich auf das Subjekt zurückbeziehen, nennt man *reflexive Verben*. Sie werden folgendermaßen konjugiert:

se laver sich waschen	**s'appeler** heißen
je me lave	je m'appelle
tu te laves	tu t'appelles
il/elle/on se lave	il/elle/on s'appelle
nous nous lavons	nous nous appelons
vous vous lavez	vous vous appelez
ils/elles se lavent	ils/elles s'appellent

Ebenso werden konjugiert:
se lever (aufstehen), s'amuser (Spaß haben), se débrouiller (zurechtkommen) etc.

6.2. Vergangenheit

Das *Perfekt* setzt sich aus einer Form des Verbs **avoir** und dem Partizip Perfekt zusammen.

Die regelmäßigen Formen des Partizip Perfekts sind:

Verben auf	-er	→ -é	manger → mangé
	-ir	→ -i	finir → fini
	-re	→ -u	vendre → vendu
	-oir	→ -u	voir → vu

Häufige unregelmäßige Formen sind:

j'ai eu	ich habe gehabt
j'ai pris	ich habe genommen
j'ai compris	ich habe verstanden
j'ai appris	ich habe gelernt
j' ai fait	ich habe gemacht

Beachte: Einige Verben bilden das *Perfekt mit* **être**; dazu gehören vor allem die Verben, die eine Bewegungsrichtung ausdrücken, und alle reflexiven Verben.

je suis allé	ich bin gegangen
je suis arrivé	ich bin angekommen
je suis rentré	ich bin heimgegangen
je suis venu	ich bin gekommen
je suis sorti	ich bin ausgegangen
je suis parti	ich bin weggegangen/gefahren
je suis monté	ich bin hinaufgegangen/eingestiegen
je suis descendu	ich bin hinuntergegangen/ausgestiegen
je suis entré	ich bin hineingegangen
je suis resté	ich bin geblieben
je me suis amusé	ich habe Spaß gehabt
usw.	

Merke: j'**ai** été — ich **bin** gewesen

Das *Imperfekt* verwendet man, um einen Zustand oder eine gewohnheitsmäßige Handlung in der Vergangenheit wiederzugeben.

Um es zu bilden, hängen Sie die Endungen
-ais, -ais, -ait, -ions, -iez, -aient
an den Stamm der **nous**-Form an:

vouloir → nous voulons

je voulais
tu voulais
il/elle/on voulait
nous voulions
vous vouliez
ils/elles voulaient

Etre (sein) bildet das Imperfekt folgendermaßen:
j'étais
tu étais
il, elle était
nous étions
vous étiez
ils/elles étaient

Merke:

Hier, j'étais malade.	Gestern war ich krank.
C'était bon.	Es war gut.

6.3. Zukunft

Das *zusammengesetzte Futur* verwenden Sie, um etwas auszu-drücken, das in der nahen Zukunft liegt.

Sie bilden das zusammengesetzte Futur mit einer Form des Verbs **aller** und dem Infinitiv eines Verbs:

Je vais téléphoner à Nathalie.	Ich werde Nathalie anrufen.
Je vais gôuter.	Ich probiere mal.

7 Die Verneinung

Die Verneinung wird mit den beiden Wörtern **ne** und **pas** gebildet. Sie umrahmen das Verb. Vor Vokalen und stummen **h** wird **ne** zu **n'**.

Je ne connais pas Paris.	Ich kenne Paris nicht.
Je n'aime pas travailler.	Ich mag nicht arbeiten.

In verneinten Sätzen werden **un, une, du, de la, de l'** und **des** zu **pas de**.

Il y a un aéroport.	Es gibt einen Flughafen.
Il y n'a pas d'aéroport.	Es gibt keinen Flughafen.
J'ai un vélo.	Ich habe ein Fahrrad.
Je n'ai pas de vélo.	Ich habe kein Fahrrad.
Je fais du ski.	Ich fahre Ski.
Je ne fais pas de ski.	Ich fahre nicht Ski.

Ne ... pas de hat somit die Bedeutung von »kein(e)«.

Wenn ein *Verb im Perfekt* verneint werden soll, umrahmt **ne ... pas** das Hilfsverb **être** bzw. **avoir**.

Je ne suis pas allé au cinéma.	Ich bin nicht ins Kino gegangen.
Je n'ai pas mange.	Ich habe nicht gegessen.

Wenn ein *zusammengesetztes Futur* verneint werden soll, umrahmt **ne ... pas** das Hilfsverb **aller**.

Je ne vais pas aller à Paris.	Ich werde nicht nach Paris fahren.

Andere Formen der Verneinung sind:

ne ... plus	nicht mehr
ne ... jamais	nie
ne ... rien	nichts
ne ... personne/ personne .. ne	niemand
ne ... que	nur
ne ... aucun(e)	gar kein(e)
ni ... ni	weder ... noch
ne ... nulle part	nirgends

Merke:

Il ne se lève jamais avant 8 heures.	Er steht nie vor 8 Uhr auf.
Rien ne va plus.	Nichts geht mehr.
Il n'y a personne.	Es ist niemand da.
Je ne connais personne ici.	Ich kenne hier niemanden.
Je n'ai aucune envie d'aller au cinéma.	Ich habe gar keine Lust, ins Kino zu gehen.

8 Frage

Im Französischen gibt es drei Formen der Fragestellung.

Bei der *Intonationsfrage* hebt man einfach die Stimme am Ende des Satzes an:

Vous êtes de Munich?	Sind Sie aus München?
C'est où?	Wo ist das?

Eine andere Möglichkeit ist, die *Fragehilfe* **est-ce que** zu verwenden:

Est-ce que vous êtes de Munich?	Sind Sie aus München?
Où est-ce que c'est?	Wo ist das?

Dies sind die zwei häufigsten Frageformen; die dritte Möglichkeit, die *Inversion*, wird vorrangig in der Schriftsprache verwendet:

Etes-vous de Munich?	Sind Sie aus München?
Où vas-tu?	Wo gehst du hin?

Folgende *Fragewörter* sollten Sie sich merken:

où?
Tu es où?
Vous habitez où?
Où est-ce que tu vas?

wo? wohin?
Wo bist du?
Wo wohnen Sie?
Wo gehst du hin?

d'où?
Vous êtes d'où?

woher?
Woher sind Sie?

comment?
Vous vous appelez comment?
Comment allez-vous?

wie?
Wie heißen Sie?
Wie geht es Ihnen?

combien?
Combien ça fait?
Ça coûte combien?

wieviel?
Wieviel macht das?
Wieviel kostet das?

quand?
Il part quand?
Quand est-ce qu'il arrive?

wann?
Wann geht/fährt er?
Wann kommt er an?

pourquoi?
Pourquoi est-ce que tu ne viens pas?
Pourquoi il rit?

warum?
Warum kommst du nicht?

Warum lacht er?

à quelle heure?
On se voit à quelle heure?

um wieviel Uhr?
Um wieviel Uhr sehen wir uns?

qui?
Qui c'est?
Qui tu vois ce soir?

wer? wen?
Wer ist das?
Wen siehst du heute abend?

avec qui? à qui? de qui?

Avec qui tu parles de qui?

A qui tu a donné le journal?

De qui vous parlez?

mit wem? zu wem? von wem?

Mit wem sprichst du von wem?

Wem hast du die Zeitung gegeben?
Von wem sprechen Sie?

qu'est-ce que ...?
Qu'est-ce que tu fais?
Qu'est-ce que vous prenez?

was ...?
Was machst du?
Was nehmen Sie?

quoi?
A quoi tu penses?

was?
Was denkst du?

à:	à huit heures	um acht Uhr
	à midi	um zwölf Uhr
	à Noël	zu Weihnachten
	à Pâques	zu Ostern
au:	au mois de juillet	im Juli
	au printemps	im Frühling
en:	en avril	im April
	en été	im Sommer
	en automne	im Herbst
	en hiver	im Winter
vers:	vers huit heures	gegen acht Uhr
	vers le 10 mai	um den 10. Mai herum
le:	le lundi	montags
	le 15 Mai	am 15. Mai
	l'année prochaine	nächstes Jahr
avant:	avant mardi	vor Dienstag
	avant le 2 mai	vor dem 2. Mai
il y a:	il y a une heure	vor einer Stunde
	il y a une semaine	vor einer Woche
après:	après le 5 mai	nach dem 5. Mai
	après les vacances	nach den Ferien
dans:	dans trois jours	in drei Tagen
	dans un mois	in einem Monat
pour:	pour deux jours	für zwei Tage
	pour une semaine	für eine Woche
jusqu'au:	jusqu'au 2 janvier	bis zum 2. Januar
	jusqu'au mois de juin	bis Juni
depuis:	depuis quatre jours	seit vier Tagen
	depuis le 3 mars	seit dem 3. März
pendant:	pendant la journée	während des Tages/tagsüber
	pendant les vacances	während der Ferien
à partir de:	à partir de vendredi	ab Freitag
	à partir de 14 heures	ab 14 Uhr
	à partir du 10 âout	ab dem 10. August
	à partir du mois de juin	ab Juni

Die Zahlen geben die Seite an, auf der das Wort im angegebenen Sinn zum ersten Mal erscheint.

A

à 7 heures um 7 Uhr 35
à côté neben 15
à demain bis morgen 69
à droite rechts 37
à gauche links 47
à l'appareil am Apparat 77
à la vôtre! auf Ihr Wohl! 57
à Munich in München 29
à peu près ungefähr 41
à pied zu Fuß 51
à tout à l'heure bis später 79
à votre service! bitte! 47
accepter annehmen 47
accordéon *m* Akkordeon 71
accueillir willkommen
    heißen/begrüßen 41
acheter kaufen 87
addition *f* Rechnung 67
adorable entzückend/
    zum Verlieben 85
adorer sehr lieben 21
adresse *f* Adresse 35
aéroport *m* Flughafen 23
affaires *f pl* Sachen 23
Africain *m* Afrikaner 73
aider helfen 41
ail *m* Knoblauch 99
aimer gern mögen/lieben 19
air *m* Miene/Aussehen 49
air *m* Melodie 71
alcools *m pl* alkoholische Getränke 57
allée *f* Gang 23
allemand deutsch 21
aller *in:* aller + *Verb* werden
    + *Verb* 15
aller gehen/fliegen/fahren 13
allô! Hallo! 75

alors also/dann 23
ambiance *f* Atmosphäre 55
ami *m* Freund 29
ange *m* Engel 101
animé belebt 55
année *f* Jahr 41
apéritif *m* Aperitif 57
appeler rufen 97
appétit *m* Appetit 65
appétit *m in:* **bon appétit!**
    guten Appetit! 65
apporter bringen 65
apprendre lernen 13
après später/danach 21
Aquitaine Aquitanien 97
archi-plein prallvoll 55
argent *m* Geld 99
arrêt *m* Haltestelle 25
arriver kommen/ankommen/
    passieren 13
article *m* Artikel 15
ascenseur *m* Lift 47
asperge *f* Spargel 63
assiette *f* Teller 67
atmosphère *f* Atmosphäre 71
attacher anschnallen/
    festmachen 15
attendre warten/erwarten 49
attention *f in:* **faire attention**
    aufpassen 25
atterrir landen 23
au bout am Ende 47
au contraire im Gegenteil 79
au fait übrigens 87
au fond hinten 47
au moins wenigstens/bloß 17
au revoir! auf Wiedersehen!
    23
aujourd'hui heute 13
aussi auch 31
autobus *m* Bus 25
autre andere(r) 51
avant vor/bevor 65
avec mit 15
avenue *f* Straße 37

avion *m* Flugzeug 13
avoir haben 13

B

bagages *m/pl* Gepäck 29
baguette *f* Baguette 101
balbutier stammeln 93
barquette *f* Schale 97
battre klopfen/schlagen 27
beau schön 27
beaucoup sehr 19
béret *m* Baskenmütze 97
besoin *in:* avoir besoin de
    etwas brauchen 99
beurre *m* Butter 45
bien *Adv.* gut 13
bien connu sehr
    bekannt/berühmt 85
bien français typisch
    französisch 59
bien placé gut gelegen 55
bien sûr natürlich/sicher 29
bientôt bald 37
billet *m* Fahrkarte 71
bistro(t) *m* Bistro/Café/Lokal
    83
blanc *m* Weißwein 59
bleu blau 13
blond blond 87
boire trinken 15
boisson *f* Getränk 15
boîte *f* Lokal/Diskothek 77
bon gut 13
bonbon *m* Bonbon 71
bonjour! guten Tag! 29
bouger sich bewegen 51
boulangerie *f* Bäckerei 101
boulevard *m* Boulevard 87
bouleversé durcheinander 75
bouquet *m* Blumenstrauß 41
bouteille *f* Flasche 63
bras *m* Arm 89
brasserie *f* Brasserie 85
brebis *f* Schaf 67

bruit *m* Lärm 37
brun dunkelhaarig 87
bureau *m* Büro 71
bus *m* Bus 25

C

c'est das ist/es ist 13
c'est bien français das ist
    typisch französisch 59
c'est bon es schmeckt 57
c'est ça ganz richtig/genau 43
c'est clair das ist klar 77
c'est combien? wieviel macht
    das? 25
c'est gentil! das ist sehr nett!
    77
c'est la vie! so ist das Leben!
    23
c'est tout! das ist alles! 99
ça das 17
ça fait das macht 37
ça ne fait rien das macht
    nichts 77
ça sent bon es riecht gut 55
ça va das geht 33
ça vous a plu? hat es Ihnen
    gefallen/geschmeckt? 67
ça vous dit? sagt es Ihnen zu?
    49
ça vous va? ist Ihnen das
    recht? 35
ça y est! jetzt geht's los! 31
cabine *f* Kabine 89
cadeau *m* Geschenk 89
café *m* Café/Kaffee 37, 45
café au lait *m* Milchkaffee 45
caissière *f* Kassiererin 71
calcul *in:* faire ses calculs
    rechnen 99
calme ruhig 37
canard *m* Ente 59
carnet *m* Heft mit 10 Fahr-
    scheinen für die Pariser
    U-Bahn 71

carte *f* Karte/Speisekarte 35, 57

carte de crédit *f* Kreditkarte 47

carton *m* Kärtchen 91

cassis *m* schwarze Johannisbeere 57

ce, cette diese(r) 13

ce n'est pas grave! das ist nicht schlimm! 17

ce sera pour une autre fois! es wird ein anderes Mal klappen! 77

ceinture *f* Gürtel 15

celui-ci dies hier 89

centre *m* Zentrum 25

Centre Beaubourg *m* Centre Pompidou 95

certainement sicher 51

chambre *f* Zimmer 41

champagne *m* Champagner 17

champignon *m* Pilz 59

changer umsteigen 71

chanson *f* Lied 19

chanter singen 79

chanteur *m* Sänger 83

chargé de beladen mit 97

charmant charmant 27

chaud warm 95

chauffeur *m* Fahrer 25

chemin *m* Weg 51

chemisier *m* Bluse 87

chèque *m* Scheck 47

chèque in: **faire un chèque** einen Scheck ausstellen 69

chercher suchen 87

chèvre *f* Ziege 67

chocolat *m* Schokolade 45

choisir wählen 63

cigarette *f* Zigarette 15

cinq fünf 89

cinquième fünfte(r) 91

circulation *f* Verkehr 37

citron *m* Zitrone 15

clair hell 47

clé *f* Schlüssel 45

cochon *m* Schwein 85

cœur *m* Herz 27

coffre *m* Kofferraum 37

coin *m* Ecke 55

collègue *m/f* Kollege/-in 43

coloré bunt/farbenfroh 97

combien wieviel 21

combien de temps? wie lange? 31

comédien *m* Theaterschauspieler 83

comme wie/als 19, 63

comme ça also/wie ich höre 29

comme ça so 59

commencer anfangen 31

comment wie 49

comment allez-vous? wie geht es Ihnen? 49

Communard *m* ein *Aperitif* 57

composition *f* Komposition 83

comprendre verstehen 31

compris inbegriffen 45

confiture *f* Marmelade 45

confort *m* Komfort 47

connaître kennen 19

connu bekannt 85

contact *m* Kontakt 81

content zufrieden/froh 79

continuer weitermachen/ weitergehen/weiterfahren 53

contrôle des billets *m* Fahrkartenkontrolle 71

coq *m* Hahn 59

couleur *f* Farbe 71

couloir *m* Gang/Flur 47

coupe *f* Schnitt 91

courage *m* Mut 17

courgette *f* Zucchini 99

courir laufen/rennen 23

courses in: **faire les courses** einkaufen 97

français *in:* **parler français**
Französisch sprechen 17
France *f* Frankreich 13
frère *m* Bruder 29
fromage *m* Käse 67
fruit *m* Frucht 97

G

garçon *m* Ober/Kellner 55
gazeux mit Kohlensäure 15
gens *pl* Leute 37
gentil nett 17
geste *m* Geste 59
glisser dahingleiten 25
goûter probieren/kosten 57
grand groß 13
grand magasin *m* Kaufhaus 87
grandir aufwachsen 65
grave schlimm 17
grimace *in:* **faire la grimace**
eine Grimasse ziehen 83
guide *m f* Stadtführer(in)/
Fremdenführer(in) 21

H

habiter wohnen 21
Halles *pl die ehemaligen
Markthallen von Paris, jetzt
ein Einkaufszentrum* 85
haricot vert *m* grüne Bohne
101
heure *in:* **à quelle heure** um
wieviel Uhr 35
heures *f pl* Arbeitszeiten 83
heureusement zum Glück 15
heureux glücklich 29
heureux *in:* **très heureux** sehr
erfreut 29
hier gestern 85
homme *m* Mann 27
hors-d'œuvre *m* Vorspeise 61
hôtel *m* Hotel 25
hôtesse *f* Stewardeß 13

humeur *in:* **bonne humeur**
gute Laune 73

I

idée *f* Idee 101
idiot Idiot 73
il fait beau das Wetter ist
schön 37
il me faut ich brauche 101
il n'y a pas de mal! nichts
passiert! 13
il n'y a pas es gibt nicht 13
il y a es gibt 35
il y a + *Zeitangabe* vor 41
immense riesig 89
incapable außerstande/unfähig
75
inconvénient *m* Nachteil 83
indiquer anweisen/zeigen 55
informatique Informatik 83
ingénieur *m f* Ingenieur(in)
83
instant *m* Moment 13
intéressant interessant 13
interrompre unterbrechen 83

J

jambon *m* Schinken 97
jaune gelb 71
je vous dois combien? was
schulde ich Ihnen? 97
jeter werfen 79
jeudi Donnerstag 85
jeune jung 13
jeune talent *m* junger Künstler
83
joli hübsch 29
jouer de spielen 71
jour *m* Tag 21
journal *m* Zeitung 15
journée *f* Tag 39
journée *in:* **bonne journée!**
einen schönen Tag! 39

jus de fruit *m* Obstsaft 45
jusque, jusqu' bis 53
juste genau 37

K

kg *Abk. für* **kilogramme** *m* kg
99

L

là da/dort 55
là-haut da oben 37
lac *m* See 31
laisser lassen/zurücklassen 17,
67
lait *m* Milch 15
le *in:* **le 11 (mai)** am 11. (Mai)
13
légume *m* Gemüse 59
lentement *Adv.* langsam 55
les deux beide 63
lever heben 13
libre frei 33
lilas lila 71
liqueur *f* Likör 57
liquide *in:* **en liquide** bar 47
lire lesen 15
lit *m* Bett 47
livre *m* Buch 21
loin weit 25

M

machinalement *Adv.*
mechanisch 73
Madame *f* Frau 51
Mademoiselle *f* Fräulein/Frau
15
magasin *m* Laden 87
mai *m* Mai 13
main *f* Hand 101
maintenant jetzt 25
mais aber 13
maison *f* Haus 37

mal *Adv.* schlecht 47
malheureusement leider 21
manger essen 65
mannequin *m* Modell 81
marchand *m* Händler 97
marchandise *f* Ware 97
marché *m* Markt 97
marcher laufen/funktionieren
25, 79
marcher sur treten auf 13
mari *m* Ehemann 99
matin *m* Morgen 85
matin *in:* **ce matin** heute früh
85
mauvais schlecht 99
melon *m* Melone 99
même selbst 31
merci danke 15
mercredi Mittwoch 33
mère *f* Mutter 87
message *m* Nachricht 73
Messieurs *m pl* (meine)
Herren 55
mesure *f* Maßnahme 13
métro *m* U-Bahn 25
mettre stellen/legen/hineintun
37
mettre dans le coffre im
Kofferraum verstauen 37
miel *m* Honig 45
mieux besser 17
mimique *f* Gesicht/Mimik 99
minute *f* Minute 53
mode f Mode 87
moi *in:* **moi aussi** ich auch 31
moins weniger 99
moment *m* Moment 13
moment *in:* **à ce moment-là**
in diesem Moment 13
Monsieur *m* Herr 15
monter einsteigen/hinauf-
gehen 25, 65
monter quatre à quatre zwei
Stufen auf einmal nehmend
hinaufgehen 79

personne *f* Person 41
petit klein 13
petit déjeuner *m* Frühstück 45
peu *in:* **un peu** ein wenig 15
peu après kurz darauf 13
peut-être vielleicht 23
photo *f* Photo 81
pied *m* Fuß 13
pied *in:* **à pied** zu Fuß 51
place *f* Platz 37
place *in:* **faire place** Platz machen 83
placer stellen 55
plafond *m* Decke 47
plaîre gefallen 65
plaisir *m* Vergnügen 15
plan *m* Ebene 13
plan *in:* **sur le plan profes-sionnel** beruflich 13
plateau de fromage *m* Käse-platte 67
plein voll 97
plier falten 67
plus dazu 39
plus mehr 93
plus grand größer 91
plus loin ein Stückchen weiter 71
plus tard später 15
plusieurs mehrere 89
plutôt mehr/eher 87
poète *m* Dichter 83
poisson *m* Fisch 63
poivron *m* Paprikaschote 99
porte *f* Tür 55
poser stellen 67
potiron *m* Kürbis 59
poule *f* Huhn 59
pour um zu/für 13, 87
pourboire *m* Trinkgeld 69
pourquoi? warum? 81
pourtant doch 13
pouvoir dürfen/können 13
préférer bevorzugen 63
premier erster 13

prendre nehmen 15
prendre congé sich verabschieden 69
prendre le petit déjeuner frühstücken 45
prendre quelque chose etwas essen und/oder trinken 93
préparer vorbereiten 81
près de neben/nahe bei 13
près d'ici in der Nähe 37
présenter vorstellen 29
presque fast/beinahe 35
pression *f* Bier vom Faß 95
prier bitten 15
prier *in:* **je vous en prie!** bitte schön! 53
prix *m* Preis 45
problème *m* Problem 13
professeur *f m* Lehrer(in) 59
professionnel beruflich 13
profondément *Adv.* tief 37
promettre versprechen 97
proposer vorschlagen 21
public *m* Publikum 55
puis dann 47

Q

quand wann 41
qu'est-ce que ... was 45
qu'est-ce que c'est? was ist das? 57
qu'est-ce que c'est grand! wie groß das ist! 37
qu'est-ce que c'est que ça? was ist das? 95
quartier *m* Viertel 85
quatrième vierte(r) 91
que, qu' daß 13
quel was für ein/was für eine 37
quel? welcher? 35
quel *in:* **quelle taille?** welche Größe? 91
quelque chose etwas 93

se **lever** aufstehen 13

se **présenter** sich vorstellen 19

se **rafraîchir** sich frisch machen 47

se **rappeler** sich erinnern 77

se **réjouir** sich freuen 13

se **rencontrer** sich treffen 85

se **renfoncer** sich zurück-lehnen 21

se **retrouver** sich treffen 79

se **revoir** sich wiedersehen 31

sèche-cheveux m Fön 47

sécurité f Sicherheit 13

séjour m Aufenthalt 23

semaine f Woche 21

sentir bon gut riechen/duften 55

serré eng 91

service m Bedienung 83

service in: **à votre service!** gern geschehen!/ zu Diensten! 47

servir bedienen 17

seulement nur/bloß 17

si so/wenn 13, 17

siège m Sitz 13

signe m Zeichen 27

signe in: **faire signe** winken/ein Zeichen geben 27, 65

signer unterschreiben 45

soir m Abend 33

soir in: **ce soir** heute abend 75

soir in: **demain soir** morgen abend 33

soirée f Abend 69

sonner klingeln 49

sortie f Ausgang 23

sortir hinausgehen 53

soulagé erleichtert 43

soupe f Suppe 63

sourire m Lächeln 41

sourire aux anges vor sich hin lächeln 101

spacieux geräumig 47

spécialité f Spezialität 57

spectacle m Schauspiel 83

sportif sportlich 87

station f Haltestelle (U-Bahn) 71

station de taxis f Taxistand 37

stressant stressig 83

style m Stil 41

sucre m Zucker 15

suivre folgen 55

super toll 31

sur auf 13

sûr sicher 41

sympathique sympathisch 49

T

table f Tisch 49

taille f Größe 91

tailleur m Kostüm 85

talent m Begabung 83

tard spät 97

tard in: **plus tard** später 15

taxi m Taxi 25

technique f Technik 29

téléphone m Telefon 35

téléphoner anrufen 77

télévision f Fernseher 47

tellement so 29

temps m Zeit 31

tenez! hier bitte! 35

terrasse in: **la terrasse du café** vor dem Café 37

terrine f Pastete 59

tête f Kopf 13

thé m Tee 15

ticket m Fahrkarte 25

tiens! nanu!/sieh da! 79

tomate f Tomate 99

torture f Folter 91

tour f Turm/Hochhaus 27

tour in: **c'est son tour** er ist an der Reihe 71

tourner abbiegen 53

tous les deux alle beide 27

humboldt-Taschenbücher, Cassetten-Packages und CD-ROMs aus der Reihe Sprachen

*Die mit * versehenen Sprachentitel gibt es auch als **Cassetten-Packages** (Buch **mit Übungscassette**).*